# 憲法という希望

木村草太



講談社現代新書

2387

# はじめに

日本国内でも国際社会でも、いやな事件が続いている。「近頃、社会の空気が重たくなってきた」と感じている人も多いのではないか。この息苦しさを、どうすれば払拭《ふっしょく》できるのだろうか。

まず思いつくのは、趣味に没頭して気分転換することだ。スポーツを見ながら、ひいきのチームを力いっぱい応援する。コンサートで音の波に流される。子どもと公園で走り回る。レゴで街を作る。好きなことなら何でもよい。

私の場合は、将棋の棋譜を並べる。『羽生VS森内百番指し』（毎日コミュニケーションズ、二〇一一年）から一局ずつ、新しいものから順に並べていく。プロ棋士の考える深淵には程遠くても、素人なりに「そうか！」と感動することがある。そして、わからないなりに一生懸命に棋譜を並べた後は、頭もすっきりする。

こうした気分転換は、息苦しさを忘れることを目指すもの、言わば消極的な手段だ。息苦しさを払拭するには、その原因を突き止めて解決への道を探るという積極的な方法もある。もちろん、自分一人で社会の空気を変えることなど、できるはずもない。しかし、息苦しさの原因は、多くの場合は先が見えないことへの不安感だ。原因と目指すべき道がはっきり見えれば、その不安を飼いならすことができる。仲間を見つけて、大きな流れを作ることもできるかもしれない。

では、どうすれば原因を突き止め、進むべき道を見つけることができるのか。それは、学問に触れることだろう。学問とは、人類の歴史の積み重ねだ。時代は変わっても、人間が陥りやすい失敗には、共通する要素が多々ある。学問をすることで、先人たちの知恵に触れることができる。

私が専門とするのは、法学、その中でも憲法学だ。法律家というと、世間一般では「頭が固くて融通が利かない人の集まり」といった印象を持たれているように思う。みんなで楽しく新しいことを始めようとしているときに、「それはやってはいけません」とつまらないケチをつける人のイメージだ。

しかし、法律は、過去のさまざまなトラブルの経験から、そうしたトラブルが発生しないようにし、よりよい解決を導くにはどうしたらいいか、ということを徹底的に考えて作られている。法律に従わなければ、過去の失敗を繰り返すことになるだろう。

さまざまな法律がある中で、憲法は、国家の失敗を防ぐための法律だ。社会に息苦しさが蔓延しているとすれば、それは国家が何らかの失敗をしているということであり、その解決の道筋は、憲法に示されている可能性が高い。今こそ、憲法に託された先人たちの知恵に学ぶべきだろう。

優れた棋譜と同じで、憲法を読んだからといって先人たちの叡智のすべてを理解できるわけではない。しかし、困ったときに改めて一生懸命に読んでみると、見慣れたはずの条文から、「そうか！」という新たな発見があるものだ。憲法を学んだ先に希望がある。私はそう確信している。

この本を通じて、憲法のそうした力を皆さんにお伝えしたいと思っている。ただ、私が解説しただけでは、内容がうまく伝わらないかもしれない。だいたい本の著者というのは、自分の中で当たり前になっていることがたくさんあり、説明すべきことを説明せず、読者をはてなマークの中に置いてきぼりにしがちなのだ。著書の内容を上手く伝えるには、読者の視点で、適切な質問を投げかけてくれる人が必要だ。

なんと、本書では、第四章の対談において、国谷裕子《くにやひろこ》さんがその役をやってくださった。皆さんもご存知の通り、国谷さんは、長年、NHK「クローズアップ現代」のキャスターとして活躍した「伝えるプロ」だ。国谷さんは、VTRリポートで残された疑問や課題を、スタジオのゲストにぶつける。国谷さんの質問は、視聴者が「まさにそこを聞いてほしかった」と思うものばかりだ。

本書の対談でも、国谷さんのプロの技が光っている。第一章から第三章を読んで、やや難しく感じる部分もあるかとは思うが、第四章の対談を読んでいただければ、大事なポイントをしっかりと摑んでいただけるだろう。可能であれば、その上で、改めて第一章から第三章を読み返していただきたい。

社会の希望は学問にある。本書がお伝えできるのは、学問の中でも憲法学のほんの一部に過ぎないが、そのほんの一部の中にも、大きな希望が見えてくるはずだ。

本書を読んで、読者の方が、明るく楽しい気分になってくだされば、これに勝る喜びはない。

目　次

※本書は、二〇一六年五月一四日に大阪弁護士会が主催して行われた憲法記念行事の講演と対談をもとに、加筆・修正をし、まとめたものです。なお、第一章「文脈から考える日本国憲法」より「地方自治は権力分立の一種」まで、及び【付録Ⅲ】については、「人文会ＮＥＷＳ」一二三号（人文会）に掲載された原稿をもとに、加筆・修正をして収録しました。

# 第一章　日本国憲法と立憲主義

## 守らせるのは「個人」

毎年五月三日は憲法記念日です。この憲法記念日に合わせて、多くの法律の専門誌では憲法特集が組まれます。今年（二〇一六年）の「法律時報」には、私の先輩憲法学者である蟻川恒正《ありかわつねまさ》さんの「『憲法の番人』に関する考察」という論文が掲載されていました。その中に、次のような記述があります。

> 中世立憲主義において貴族が王とたたかって権利章典を守らせたように、近代立憲主義のもとでは、**尊厳の担い手となった個人**が公権力担当者に憲法を守らせるのである。
>
> 蟻川恒正「『憲法の番人』に関する考察」（「法律時報」八八巻五号、一五頁、二〇一六年）

この一文だけを読んでもあまりピンと来ないかもしれませんが、「尊厳の担い手となった個人が公権力担当者に憲法を守らせる」とはどういうことなのかを基礎的なテーマとして、憲法について語っていきたいと思います。

あらかじめ解説をしておきますと、立憲主義とは、ごく簡単に言えば、過去に権力側がしでかした失敗を憲法で禁止することによって、過去の過ちを繰り返さないようにしよう、という原理のことです。この立憲主義には、「中世立憲主義」と「近代立憲主義」とがあります。「中世立憲主義」とは、貴族がいた時代、身分制の時代の立憲主義のことです。この時代の憲法は、貴族の権利、例えば、「議会の承認なしに税金を取るな」といった権利を守るための権利章典でした。一二一五年に成立したイギリスのマグナカルタ（大憲章）には、「王は私の馬車を勝手に使うな」というようなことまで書いてあったりします。つまり、横暴な王と闘った貴族たちが、自分たちの権利を守るよう、王に約束させたのです。これも「権力者に守らせる」という意味では立憲主義の一種ですが、身分制を前提とした立憲主義だったので、「中世立憲主義」と呼ばれています。

これに対して、「近代立憲主義」では、「貴族」の立場に「個人」が入るのだ、ということが蟻川さんの論文で指摘されているらしい、ということがわかるかと思います。「『憲法の番人』に関する考察」という論文は、安保法制をめぐる議論などに現れた、ここ数年の憲法解釈の危機を背景に、「憲法の番人」は誰なのか、誰が憲法を守らせるのかをテーマに書かれたものです。蟻川さんは、「究極的にはそれは個人なのだ」という主張をなさっています。

こうしたことを頭の隅に留めておきながら、読み進めていただければと思います。

## 憲法とは何か

まず、そもそも憲法とは何なのか、という話から始めましょう。

近代立憲主義の前提である近代国家は、三つの段階を経て成立するものだと理解されています。近代国家を論じる上で出発点としてご紹介したいのは、イングランドの哲学者トマス・ホッブズ（一五八八－一六七九）です。ホッブズは宗教戦争の吹き荒れる一七世紀を生きた人物で、社会契約説を唱えた政治哲学者として、政経や歴史の教科書でもおなじみです。

ホッブズは、議論の出発点として「人間の平等」について語ります。人間の平等というと、普通は何か崇高な感じがするものですが、ホッブズの語る平等とはそういうものではありません。「人間は平等でなければならない」という規範的な議論ではなく、「人間は事実としてみんな平等なのだ」という事実認識の話をしているのです。

「人間は事実としてみんな平等なのだ」と言われても、皆さんあまり納得できないのではないかと思います。世の中には背の高い人もいれば低い人もいる、容姿に恵まれた人もいれば恵まれない人もいる、お金持ちもいれば貧乏人もいる。むしろ人間の違いや人間の不平等を、多くの人は日々感じているのではないかと思います。

私自身も、本当に人間は不平等だと感じています。

私は大学で、将棋を学ぶことで思考過程を意識し、理論の積み重ねや、わかりやすい文を書く能力を磨くという講座を開いているのですが、その講師として、プロ棋士の中村太地《たいち》六段をお招きしています。中村さんは、将棋のタイトル戦に挑戦するほどの実力の持ち主として大変活躍されています。その上、本当に背が高くてかっこよい、イケメン棋士としても有名な方です。

中村さんの隣に立つと、私の頭の先が中村さんの目の高さぐらいになります。しかし、座ると、中村さんの頭が私の目線ぐらいになる。残念なことに、私の方が圧倒的に胴長短足だということです。人間の不平等をしみじみと感じたりします。

しかし、ホッブズはそれは違うと言い、次のように指摘します。

自然は人びとを、心身の諸能力において平等につくったのであり、その程度は、ある人が他の人よりも肉体においてあきらかにつよいとか、精神のうごきがはやいとかいうことが、ときどきみられるにしても、すべてをいっしょにして考えれば、人と人とのちがいは、ある人がそのちがいにもとづいて、他人がかれと同様には主張してはならないような便益を、主張できるほど顕著なものではない、というほどなのである。すなわち、肉体のつよさについていえば、もっとも弱いものでも、ひそかなたくらみにより、あるいはかれ自身とおなじ危険にさらされている他の人びととの共謀によって、もっとも強いものをころすだけの、つよさをもつのである。

（ホッブズ『リヴァイアサン1』水田洋訳、岩波文庫、二〇七頁）

つまり、確かに人間にはいろいろな違いがあるけれど、最も弱い者でも、工夫を凝らせば最も強い者を殺すことができる。そういう意味では、人間は動物として平等なのだ、と言うのです。確かに、こっそりと企《たくら》んで毒や銃を用意したり、あるいは、徒党を組んだりすれば、例えば私のような、人間として非常にひ弱な個体でも、強靭なプロレスラーを殺すことができるかもしれません。

では、なぜホッブズはこのような議論をするのでしょうか。それは、放っておいても秩序ができるはずだという前提を否定するためです。

## 近代国家の三段階

自然世界において、強い個体が弱い個体に絶対に負けないのであれば、序列が明らかになり、秩序は安定するでしょう。しかし、人間は平等で、最も弱い個体でも最も強い個体を殺すことができる。だから、秩序が安定することはありえません。

宗教内乱によって混迷を極めていたイングランドを生きるホッブズは、その混迷する社会は人間の本質に照らして当然の結果だと分析したのです。国家の第一段階である自然状態は万人の万人に対する闘争である、というのが、近代国家論の出発点となります。

もっとも、こうした自然状態から生じる混乱は、誰にとっても得になりません。だから、「暴力を独占する絶対的な存在＝主権国家」を作って、暴力を集中管理し、秩序を作り出す必要があります。これが、近代国家の第二段階です。

これは、学校で言うとこんな感じです。子どもたちが集まっても、自然と秩序が生まれるなんてことはなかなかありません。みんな好き勝手をして、学級崩壊になるでしょう。そこで、竹刀を持った強面《こわもて》の先生がやってきて、ともかく、みんなが席について話を聞く状態を作り出すのです。

もっとも、秩序が生まれれば、人々が安心して暮らせるかというと、そんなことはありません。混乱の後には、人々は、権力者の横暴の危険に怯《おび》えることになります。子ども同士のケンカに怯える必要がなくなっても、先生が気分次第で体罰を加える危険に怯えなくてはならないのです。

こうした主権国家による権力の濫用《らんよう》を防ぐ試みが、立憲主義の試みです。これが、近代国家の第三段階ということになります。立憲主義によって、個人の自由を保障し、権力の濫用を防ぐのです。子どもたちは、先生の体罰に怯えることなく、しかし、悪いことをすれば先生がきちんと叱ってくれる、そういう状態が実現されてはじめて、ようやくのびのびとした学校生活を送れるようになります。

## 国家は悪いもの？

ところで、いわゆる戦後の憲法教育は、第二段階が成立していることを前提に立憲主義を説いてきたので、「国家は非常に悪なのだ」と強調する傾向があります。

この点について、法哲学者の長尾龍一《ながおりゅういち》さんは、次のように批判しています。


誤りの根源は「初めに国家悪ありき」という前提である。憲法学者たちの視野によると、初めにジョン王の悪政があってマグナ・カルタがあり、スチュアート朝の悪政があって権利請願や権利章典があり……。当然のことであるが、初めにあるのは国家悪ではない。国家悪の前には国家があり、国家の前には国家形成に先行する混乱がある。

長尾龍一『憲法問題入門』（ちくま新書、二〇〇一〜二〇二頁）

法哲学は法の基礎を考える学問、憲法学は国の法律の基礎となる憲法について考える学問です。法哲学と憲法とは、民法・商法や刑法に比べれば、基礎学問という意味で近いように思えます。しかし、案外、仲がよろしくない、という傾向があります。長尾さんは、憲法学者は視野が狭すぎる、国家悪のことばかりで、第一段階の無秩序による混乱の問題点をわかっていない、というのです。

私は憲法学者ですが、この指摘はもっともだと思います。

世界に目を向けますと、シリアやイラクの一部の地域では、その地域を支配できる絶対的な権力者がいません。そのため、一応「政府」として成立している勢力と、それに反発する勢力とが対立します。その対立はしばしば武力衝突に発展し、戦闘員はもちろん、一般の市民にも犠牲者が出ます。さらに、宗教的な対立や部族対立なども加わってきますので、反政府勢力といっても一枚岩ではなく、秩序を維持できない状況です。

そうした内戦状況よりは、たとえ独裁国家であっても国家主権が確立している方がましではないでしょうか。例えば、今の北朝鮮には、人権保障の観点からして大きな問題があります。あるいは、かつての軍事政権下のミャンマーでは、アウンサンスーチー氏の軟禁に象徴されるように、国家が国民を弾圧していました。しかしそれでも、内戦状態に比べれば、人々は生活を営むことができます。国家の第二段階まで到達している、そのことは、それなりに評価しなければならないと思います。

もちろん、国民を弾圧することは許されるべきではなく、国家の第三段階、立憲主義を目指していかなくてはなりません。しかし、独裁政権を打倒すれば、当然に、立憲主義に基づいて人権を保障する国家が生まれる、というものではありません。むしろ、第一段階の無秩序に戻ってしまうかもしれないのです。

これが今、シリアやイラクで起こっている現実でもありますから、決して遠い昔の話ではありません。この近代立憲主義国家成立までの三段階のプロセスを、しっかりと理解していただきたいと思います。

## 国家権力の三大失敗

さて、第二段階まで来た国家が、権力の独裁を防ぎ、人権を尊重できるようになると、第三段階の立憲主義が実現したということになります。ここで、立憲主義とはどういうことなのかを、もう少し詳しく見ておきたいと思います。

立憲主義の構想に基づいて作られた憲法のことを「立憲的意味の憲法」と言います。「立憲主義に基づかない憲法があるのか」と不思議に思う方もいらっしゃるかもしれません。しかし、ここで言う「憲法」とは、その国家を国家たらしめているルールを言います。どんなに独裁的で国民を弾圧している国家であっても、あるいは「憲法」という名の法典がなかったとしても、国家である限り、憲法自体は存在することになります。例えば、イギリスにはアメリカや日本のような成文憲法典がないのは有名です。立憲的意味の憲法とは、国家を成り立たせているルールの中でも、立憲主義に基づいているという特徴を備えた憲法だということです。

では、立憲的意味の憲法とはどんなものなのでしょうか。ごく簡単に言えば、過去に国家がしでかしてきた失敗のリストだと言えると思います。これは、日常生活でも皆さんがやっていることではないでしょうか。

ちなみに、私は結婚生活一〇年になろうかというところなのですが、もともと不器用なので、家事をやっていても本当によく怒られていました。例えば、お味噌汁のためにネギを切ったのだけれど、きちんと切れずにつながっているのがあったという経験は、皆さんにもあることだと思います。でも、私の場合は、なんと短冊形に切ったつもりの油揚げが暖簾《のれん》のようにつながっていたりするのですね。あるいは、ポケットのティッシュをとり出さずに洗濯機を回す、なんていうことは本当にザラでした。

そこでどうしたかといえば、「きちんと切れたか確認する」とか「ポケットを確認してから洗濯機に入れる」とか、よくある失敗をリストにして張り紙を貼るわけです。実際に紙に書いて貼るところまでやるかどうかは別にして、自分がよくやってしまいがちな失敗について何となく頭の中で整理しておくことは、皆さんもやっていらっしゃるのではないかと思います。

国家権力にもまた、よくやりがちな失敗があります。国家権力の三大失敗は、**「無謀な戦争」「人権侵害」「権力の独裁」**とまとめることができます。

これは、近代国家だけの特徴ではありません。古代のギリシア・ローマでも、無謀な戦争によって衰退した国家がたくさんあります。あるいは、人権侵害である拷問によって、罪なき人々を殺してしまった国家もたくさんあります。さらに、「権力は独裁を欲する」というのは、ある意味、自然法則のようなもので、人気のあったリーダーが調子に乗って独裁者になり、人々を苦しめた例は、枚挙に遑《いとま》がありません。

こうした三大失敗を踏まえて、無謀な戦争をしないように軍事力をコントロールしよう、人権侵害を防ぐために大事な権利をあらかじめ示しておこう、独裁にならないように権力を分立したり民主的にコントロールしたりしよう、というルールを憲法に書き込んだのが、立憲的意味の憲法となります。ですから、立憲的意味の憲法では、**軍事統制**、**人権保障**、**権力分立**が三つの柱となります。

現在の日本を生きる私たちにとって、無謀な戦争を国家が勝手にやらないとか、道を歩いていて理由もなく逮捕されないとか、裁判官は公平中立な人であるとかといったことは、とても当たり前のことになっています。ですから、「いきなり逮捕されるかもしれない」と心配しながら生きている方は、そうそういらっしゃらないでしょう。

しかし、これは案外、当たり前ではありません。今でも、世界を見渡せば国家主権が確立していない地域もありますし、独裁をしている国もあります。私たちが当たり前だと思って意識すらしない生活を支えているのは立憲主義なのだということを、理解していただきたいと思います。

## 文脈から考える日本国憲法

さて、立憲的意味の憲法ということをご理解いただいたところで、現在の私たちの生活を支える日本国憲法の体系について、簡単に説明したいと思います。

将棋界では定番の「好きな駒は何ですか?」という質問があります。この質問には、「飛車」か「桂馬」と答える人が多いようです。飛車は最強の駒だから、桂馬は動きが特殊だからでしょう。しかし、独創的な新戦法「藤井システム」の開発で知られる将棋界随一のクリエイター藤井猛《たけし》九段は、「駒台の上の金銀三枚」と答えていました。

確かに、どの駒がどう好きかは、盤面の状況によって変わってくるものです。歩《ふ》切れをつかれて香車を打たれた時に、「好きな駒は？」と聞かれれば（なぜ、そんな切羽詰まった状況で、そんなのんきな質問をされるのかという問題はありますが）、誰でも「歩だよ、歩！」と答えるでしょう。「好きな野球選手は誰ですか？」という質問への答えも、負けられない試合の立ち上がりなのか（ここはやはりダルビッシュ）、一アウト三塁でサヨナラの場面なのか（まあ秋山でしょう）、一点リードの九回裏なのか（槙原かペドラザ以外にありません）、によって変わってきます。

話がずいぶんと流れてしまいましたが、伝えたいことは、将棋の駒も野球選手も憲法の条文も、置かれた文脈やその背景が大事だ、ということです。その条文が置かれた文脈や、全体の体系を理解しなければ、個別の条文の意味は分かりません。
そこで、はなはだ簡単にではありますが、日本国憲法の体系を意識しながら、特に重要な条文を解説してみようと思います。そうすれば、今、日本国憲法が全体としてどんな役割を果たしているのかが分かり、個々の条文の個性も明らかになってくるでしょう（一八〇頁【付録I】参照）。

**最高法規の裏づけ**

そもそも、日本国憲法とは、どんな力を持った法なのか。憲法九八条一項と九九条には次のように書いてあります。

【憲法九八条一項】

この憲法は、国の最高法規であつて、その条規に反する法律、命令、詔勅及び国務に関するその他の行為の全部又は一部は、その効力を有しない。

【憲法九九条】

天皇又は摂政及び国務大臣、国会議員、裁判官その他の公務員は、この憲法を尊重し擁護する義務を負ふ。

これらの条文を見ると、憲法は「最高法規」であり、それに違反する法律や命令を出してはいけないし、公務員はそれに従わなくてはならないということが分かります。もっとも、憲法九八条一項は、単に「私が最高法規だ」と自称しているだけです。「俺は偉い人だ」と言っている人が本当に偉いのか分からないのと同様、ここを読むだけでは、なぜ日本国憲法が日本の最高法規なのかは分かりません。

実は、憲法が最高法規である理由は、その前に置かれた憲法九七条に書かれています。

【憲法九七条】

この憲法が日本国民に保障する基本的人権は、人類の多年にわたる自由獲得の努力の成果であつて、これらの権利は、過去幾多の試錬に堪へ、現在及び将来の国民に対し、侵すことのできない永久の権利として信託されたものである。

つまり、「人類の多年にわたる自由獲得の努力の成果」である大切な人権を保障する法だからこそ、最高法規であり、公務員はそれを最高法規として尊重・擁護しなければならない、と宣言しているわけです。これは、国家が繰り返してはいけない失敗のリストとしての立憲主義の宣言でもあります。

## 国民主権と天皇制

日本国憲法が立憲的意味の憲法であることをおさえたところで、日本国憲法の内容を具体的に見ていきましょう。第一章は「天皇」と題され、次の条文から始まります。

【憲法一条】
天皇は、日本国の象徴であり日本国民統合の象徴であつて、この地位は、主権の存する日本国民の総意に基く。

一般に、憲法の最初の条文（第一条）は、その国の基本原理を高らかに宣言するものが多いものです。例えば、フランス第五共和制憲法一条一項一文は「フランスは、不可分で、世俗的で、民主的で、社会的な共和国である」と規定します。また、ドイツ連邦共和国基本法一条一項一文は「人間の尊厳は不可侵である」と規定しています。

では、日本国憲法一条が宣言する国家の基本原理とはどのようなものなのでしょうか。

国家主権の行使の仕方を最終的に決定する権限を持つ者を、主権者といいます。明治憲法（大日本帝国憲法）下の主権者は天皇でした。これに対し、日本国憲法は、「天皇は日本国の象徴である」と定めています。これは、「天皇は象徴としての権限を行使できる」ということに力点があるのではなく、「天皇は主権者ではなく、象徴であるに留まる」ということを示す規定です。天皇が主権者でないならば、主権者は誰なのか。憲法一条は、それは「国民」だと宣言します。

このように、憲法一条は、日本国憲法の制定によって、主権者が天皇から国民に替わったことを示しています。

ただ、国民主権の原理を宣言したいのであれば、憲法第一章の章題を「国民主権」とし、第一条も「主権は国民に存する」とだけ書けばよいようにも思われます。なぜ日本国憲法は、第一章の章題を「天皇」とし、その地位についてかなり細かい規定を置いたのでしょうか。

次の条文を見てください。

【憲法三条】

天皇の国事に関するすべての行為には、内閣の助言と承認を必要とし、内閣が、その責任を負ふ。

【憲法四条一項】

天皇は、この憲法の定める国事に関する行為のみを行ひ、国政に関する権能を有しない。

憲法四条一項は、天皇の発言や振る舞いは政治に重大な影響を与えるため、それが歪んだ形で使われると大変なことになる、という認識を示しています。例えば、天皇が選挙の時に「○×党を支持します」とか「○×政策に反対します」と発言すれば、「天皇の御意思」に反する選挙運動や意見表明はやりにくいと感じる人も多いでしょう。せっかく国民主権の原理を宣言しても、実質的には、天皇が主権者であるという事態になってしまう危険すらあります。

そこで、憲法四条一項は、天皇が「政治的権能」を行使することを禁止しました。また、憲法三条は、天皇陛下が天皇として発言したり、国会の召集や法令の公布などの国事行為を行ったりする場合には、必ず、「内閣の助言と承認」に基づかなくてはならない、というルールを定めました。

天皇の行為は全て内閣の意思に基づくわけですから、天皇の行為について責任を負うのは、天皇陛下自身ではなく内閣です。例えば、国会開会のおことばの中で、天皇が「しいたけは嫌いです」と言ってしいたけ農家の皆さんに迷惑をかけた場合、その責任を取るのは、天皇陛下ではなく、助言と承認をした内閣ということになります。

このような仕組みを採用したのは、天皇の政治的影響力を国民全体で管理するためです。民主的に選ばれた政府のトップである内閣に、天皇の行為についての決定権と責任を負託することで、天皇の政治的影響力が国民主権の原理を歪めることを防いでいるのです。

こうしてみると、憲法第一章は「天皇」という章題ではありますが、その実質的内容は「国民主権」の原理を示していると言えます。

## 憲法九条、二つの解釈

さて、国民主権の原理が宣言されたところで、憲法は、いよいよ国家権力三大失敗リストに入っていきます。

日本も他国と同様に、「**無謀な戦争**」「**人権侵害**」「**権力の独裁**」という三大失敗を経験してきましたが、特に、戦争に関わる失敗は深刻でした。そこで日本国憲法は第二章「戦争の放棄」を定めています。この章には一つの条文しかありません。それが有名な憲法九条です。

【憲法九条】

日本国民は、正義と秩序を基調とする国際平和を誠実に希求し、国権の発動たる戦争と、武力による威嚇又は武力の行使は、国際紛争を解決する手段としては、永久にこれを放棄する。

2　前項の目的を達するため、陸海空軍その他の戦力は、これを保持しない。国の交戦権は、これを認めない。

この条文は、戦争・武力行使を禁じる一項と、戦力・軍・交戦権の保持を禁じる二項からなります。

この条文については、解釈の仕方が二つあると言われます。

第一の解釈は、一項であらゆる武力行使が禁じられるというもの。第二の解釈は、一項が禁ずる「国際紛争解決のための」武力行使には、侵略に対する防衛のための武力行使は含まれないが、二項があらゆる戦力の保持を禁止しているため、結局、全ての武力行使が禁じられる、というものです。

いずれの解釈をとっても、現行憲法の運用として考えた時には、九条であらゆる武力行使が禁じられるという結論に大差はありません。しかし、例えば、集団的自衛権行使解禁に一項の改正が必要かどうかを考える場合には、どちらの解釈を採用するかで結論が変わってきます。一応、後者が一般的な解釈だとされています。

## 国際的にみて妥当な条文

さて、この条文だけを読むと、「軍や戦力を一切持たないとは、あまりに無用心ではないか」とびっくりする人もいるでしょう。しかし、この条文も、歴史や憲法全体の文脈の中に位置付けて考える必要があります。

まず、言うまでもなく、憲法九条は、日本の侵略戦争の歴史への強い反省から生まれたものです。再び戦争を引き起こさないために、軍事活動に極めて抑制的であろうという態度を世界に宣言するのも不思議なことではありません。

また、この規定は、国際法と比較してそれほど特殊な条文でもないのです。国際社会の憲法と呼ばれる国連憲章二条四項は、「すべての加盟国は、その国際関係において、武力による威嚇又は武力の行使を、いかなる国の領土保全又は政治的独立に対するものも、また、国際連合の目的と両立しない他のいかなる方法によるものも慎まなければならない」と定めています。つまり、武力行使は国際法違反なのです。アメリカ、ロシア、中国、あるいは北朝鮮を含む一九三の国連加盟国は、少なくとも紙の上では、この規定にコミット(承認)しています。憲法九条の内容はほぼグローバルスタンダードに沿ったものと言えるでしょう。

## 武力行使は絶対に禁止?

もっとも、国連憲章は、侵略国家が登場した場合には、安全保障理事会に基づく国連軍の措置（憲章四二条）や各国の自衛権の発動（憲章五一条）を認めています。

自衛権には、侵略の被害国が自ら防衛のための武力行使を正当化する個別的自衛権と、被害国の防衛を援助するための武力行使を正当化する集団的自衛権の二種類があります。

では、戦力の不保持を定める日本国憲法九条は、日本が侵略された場合にも、一切の対応を禁じているのでしょうか。その答えは、実は、憲法九条だけを読んでも出てきません。というのも、検討すべきは、憲法九条の禁止範囲ではなく、憲法九条の例外を認める条文の有無だからです。

### 憲法九条の例外

法学を学ぶ上で、原則規定とその例外規定という発想はとても重要です。Aの禁止を定める条文があっても、その例外を認める条文があれば、その限りでAを行うことは許されます。例えば、刑法二〇四条は、「人の身体を傷害した者は、十五年以下の懲役又は五十万円以下の罰金に処する」と定めています。この条文だけを見るならば、外科医の手術や歯科医の歯の治療は傷害罪になります。しかし、それはどう考えても不都合でしょう。そこで、刑法三五条は、「正当な業務による行為は、罰しない」と規定し、きちんとした手術や治療は犯罪にならない、としています。

では、武力行使禁止の例外を認める条文はあるのでしょうか。

そんな規定はない、とするのが自衛隊・個別的自衛権行使違憲説で、そうした立場を取る人も根強くいます。これに対し、憲法一三条が個別的自衛権行使の根拠となる、という見解もあります。後でもう少し詳しく紹介しますが、憲法一三条は、「生命、自由及び幸福追求に対する国民の権利」は「国政の上で、最大の尊重を必要とする」と規定しています。日本政府が侵略を放置し、国民が虐殺されるのを黙って見ていたとしたら、それは国民の生命や自由を最大限尊重しているとは言えないでしょう。日本政府はこのような解釈に基づき、自衛隊・個別的自衛権行使の合憲性を説明してきました。

これに対し、日本国憲法の端から端まで探してみても、外国の防衛を援助するための武力行使を認める根拠になりそうな規定はありません。このため、国連軍への参加や集団的自衛権の行使は憲法九条に違反するとの解釈が一般的でした。また、集団的自衛権の行使を一部認めたとされる二〇一五年の安保法制には、違憲の疑いが強くかけられています。

### 人権保障の条項が必要な理由

続いて、国家権力三大失敗リストの一つ「**人権侵害**」に対する、人権保障について考えましょう。人権とは、人間であるという理由だけで保障されなければならない権利と定義されます。正当な理由もなく逮捕されたり死刑にされたりしない権利、頭の中で自由に考えたり、宗教を信仰したりする権利、生きていくための職業を選択する権利などのことです。

もっとも、人間であるという理由だけで保障すべき権利なら、国民の代表が作る法律で保障すれば十分ではないのか、なぜ、わざわざ憲法に書くのだろうか、という疑問もわき出るでしょう。その疑問に対する答えは、人権侵害が、少数の人にのみ大きなダメージとなり、他の多数の人にはあまり影響のないものと受け止められることが多いという点にあります。

例えば、次の条文を例に考えてみましょう。

【憲法三六条】

公務員による拷問及び残虐な刑罰は、絶対にこれを禁ずる。

拷問を禁止する理由には二つあります。一つは、拷問は、肉体的苦痛のみならず、非人間的な扱いによる精神的苦痛を与え、拷問を受ける「その人」に対する重大な権利侵害であること。もう一つは、拷問は、「社会」にとっても害悪であることです。

拷問をされれば、あまりの辛さに、たいていの人はやってもいないことでも自白してしまいます。例えば、中世の魔女裁判の「有罪」判決の大半は拷問による自白を根拠にしていますが、今日の目から見れば、その一〇〇%が冤罪《えんざい》であり、社会にとって不正義だったことは疑いありません。虚偽の自白に基づく冤罪は、罰を受ける人にとって害悪であるのみならず、明白な不正義であり、社会にとっても害悪なのです。

しかし他方で、誰かに拷問がなされたからといって、圧倒的多数の他者には、何ら直接の苦痛をもたらしません。むしろ、容疑者への処罰感情を満足させる人すらいるかもしれません。人権侵害はごく一部の人にとってはひどい苦しみなのに、圧倒的多数の人にとってはどうでもいいことです。ですから、多数決で決めていけば人権侵害は止められるというものではありません。

そこで、憲法は、拷問されない権利を明文で規定し、それを侵害してはいけないと規定します。多数決によって定める法律も、この憲法規定に反することは許されないのです。

## 三つの権利——自由権、平等権、生存権

では、拷問の禁止の他に、どのような権利が保障されているのでしょうか。基本となる三つの権利をおさえておきましょう。

【憲法一三条】

すべて国民は、個人として尊重される。生命、自由及び幸福追求に対する国民の権利については、公共の福祉に反しない限り、立法その他の国政の上で、最大の尊重を必要とする。

【憲法一四条一項】

すべて国民は、法の下に平等であつて、人種、信条、性別、社会的身分又は門地により、政治的、経済的又は社会的関係において、差別されない。

【憲法二五条一項】

すべて国民は、健康で文化的な最低限度の生活を営む権利を有する。

まず、憲法一三条は「自由」保障の基本条文です。どんな自由を大切に思うかは、人によって異なります。例えば、将棋をさす自由が奪われたとしても、将棋を知らない人にはさしたる影響はないでしょうが、将棋ファンにとっては一大事です。あるいは、同性愛の自由の制約も、多くの異性愛者にとっては直接の不利益はありませんが、同性愛者にとっては生きること自体が困難になるでしょう。

このように、一部の人にとっては深刻な問題であるにもかかわらず、大多数の人にとっては直接の不利益にならないことは無限にあります。そこで、憲法一三条で、国民の「自由」一般を保障することにしました。ここには、将棋をする自由、お酒を飲む自由、本を読む自由など、あらゆる自由が含まれています。

さらに、憲法は、思想・良心の自由（一九条）、表現の自由（二一条一項）、職業選択の自由（二二条一項）といった個別の自由も定めています。本来であれば、一三条があれば十分にも思えますが、歴史を振り返ると、宗教的偏見から特定の宗教が弾圧されたり、政府を批判する言論が不当に規制されたりすることは多々ありました。そこで、憲法は、特に不当な制限を受けやすい権利については、特別の条文を作ったというわけです。

次に、憲法一四条一項は、平等権と差別されない権利を保障します。平等権とは、不合理な区別を禁じる権利です。例えば、男性公務員の定年退職は六〇歳、女性公務員の定年退職は五〇歳とするような区別は、典型的な平等権侵害です。さらに、平等権侵害の背景に差別がある場合には、事態は深刻になります。差別とは、特定の人間類型（人種や性別や思想・信条）に向けられた蔑《さげす》みの感情をいいます。差別されない権利は、こうした感情に基づいて、特定の人種や性別の人を公務員に雇わなかったり、公共サービスを十分に提供しなかったりすることを禁止しています。

最後に、憲法二五条一項が保障する生存権について説明しましょう。

憲法は、自由権の一種として、市場で財産を交換したり、職業活動をしたりする自由を保障しています。個人の自由を前提に営まれる経済を、市場経済とか自由主義経済と呼びますが、この経済はさまざまな点で優れています。それぞれの個人は、自分が欲しいものを買えるし、やりたい仕事を職業にできます。ビジネスに関わる人たちは、多くの人に喜んでもらえる商品を開発しようと創意工夫をします。

とはいえ、この経済には、市場でお金を払わないと食糧や住居が手に入らないという弱点があります。十分な財産や労働能力がある人はいいのですが、財産がない人、病気や老齢で働くことができない人は、生きていくことができません。しかし、生きる権利は、まさに人間であるという理由だけで保障されなければならない権利です。そこで、憲法二五条一項は、単に、生きるというだけでなく、「健康で文化的な最低限度」の生活をも保障する生存権を定めています。

ここで紹介した以外にも、憲法は、たくさんの権利を保障しています。それぞれの権利条項には、一つ一つ歴史と背景があり、それらを勉強していくのは楽しいものです。興味のある人は、関連書籍に当たってほしいと思います（二一七頁【付録Ⅲ】参照）。

## 「権力の独裁」を防ぐ

国家権力三大失敗リストの最後は、「**権力の独裁**」です。

国家権力は巨大ですから、人の財産を奪うことも、身柄を拘束することも簡単にできます。場合によっては、命も奪えるでしょう。そんな国家権力の使い方をごく少数の人が決めたのではロクなことになりません。独裁者ナポレオンは、ヨーロッパ全体を敵に回しても勝てると判断して、フランスとヨーロッパをとんでもない戦争に導きました。ナチスドイツのヒトラーは、ユダヤ人に対する差別意識や、英米仏露はチョロいという独断的な外交・軍事の判断で、ドイツ国内も国外もぼろぼろにしてしまいました。

独裁に対する歴史的な反省から、立憲主義に基づく憲法は、国内の権力を分割し、それぞれ別の担当者に委ねることにしました。条文を見てみましょう。

【憲法四一条】

国会は、国権の最高機関であつて、国の唯一の立法機関である。

【憲法六五条】

行政権は、内閣に属する。

【憲法七六条一項】

すべて司法権は、最高裁判所及び法律の定めるところにより設置する下級裁判所に属する。

国会は立法、内閣は行政、裁判所は司法という三権分立の原理が示されていますが、三権分立のポイントは、権力作用の一つとして、「立法」という概念を見出したところにあります。

行政とは、国家権力を使って国民を支配する作用をいいます。司法とは、刑罰権を発動すべきかどうか、あるいは、権利・義務があるかなどの争いを裁定する作用をいいます。

大岡越前や遠山の金さんを思い描いていただければ分かりやすいと思いますが、かつての行政権や司法権は、詳細な法律に基づいて行使されていたわけではありません。偉い人が前例などを参考に、自分の「人格」をかけて処理していました。

もちろん、権力者が大岡忠相《ただすけ》や遠山景元《かげもと》のように誰もが認める素晴らしい人ばかりなら、問題ないかもしれません。しかし、時には性格の悪い人（少なくとも、ある人にとっては感じの悪い人）が権力の座につくこともあるでしょう。これでは、行政や司法の示した結論に不満を持つ人が増え、権力への信頼が失われてしまいます。そこで、行政権や司法権は、事前に定められた一般的な基準に基づいて行使しようということになり、立法権という権限が置かれるようになりました。

では、誰が立法を担うべきなのでしょうか。法律は、多くの国民の利害に関係しますから、国民の意見や価値観に敏感に反応できる人に任せるべきでしょう。そこで、選挙された国民の代表者が集まる国会の権限とされたわけです。

「国会は」「立法機関である」という憲法四一条は、味もそっけもない条文に見えますが、その背景には、こうした考慮があります。

**地方自治は権力分立の一種**

実は、日本国憲法が用意している権力分立は三権分立だけではありません。中央政府と地方政府の分立、つまり、地方自治の保障も、権力分立原理の一種です。

次の条文を見てください。

【憲法九二条】

地方公共団体の組織及び運営に関する事項は、地方自治の本旨に基いて、法律でこれを定める。

「地方自治の本旨」といきなり言われてもよく分からないかもしれませんが、それぞれの地方公共団体が中央政府から独立して意思決定を行えること、そして、地方公共団体は住民の意思に基づき運営されなくてはならないこと、を意味するものと理解されています。

立法にしても行政にしても、その地域に精通していなければ上手くいかない分野がたくさんあります。例えば、ヒグマによる被害にどのような対策が必要なのか、どのくらいの予算が適切なのかは、北海道の住民でなければ分からないでしょう。そこで、中央政府とは別に、北海道や札幌市を設置して、その地域の立法や行政を委ねるという工夫をしています。

## 人権論と統治機構論

まとめますと、日本国憲法は立憲主義の構想に基づいて、「第二章　戦争の放棄」で**軍事統制**を、「第三章　国民の権利及び義務」で**人権保障**を定めています。さらに、「第四章　国会」「第五章　内閣」「第六章　司法」などの章を設けて**権力**

**分立**を定め、「第一章　天皇」で国民主権の原理を定めています。

ところで、これまで、国家の三大失敗に基づいて、軍事統制、人権保障、権力分立が立憲主義の柱だという話をしましたが、これをさらに整理すると、軍事力の統制は、権力分立の一形態ということになります。なぜなら、軍事力を行使するための条件を憲法によって定めるということは、権力者の権限行使について主権者である国民の意思によって制約をかけること、つまり、権力者と主権者との間の権限配分の問題と言えるからです。権力分立というと、三権分立のことばかり頭に浮かびがちですが、それ以外にも、独裁を防ぐための多様な権限配分の工夫があるのです。

立憲主義の目的が人権保障と権力分立に分類されるのに応じて、憲法学の対象も、どのような人権をどこまで保障するのかを考える「**人権論**」と、誰にどのような権限を与えれば国内統治がうまくいくかを考える「**統治機構論**」の二つに大きく分かれています。

法学部の講義では、ここまで話してきたような内容をより詳しく「人権論」で四単位（九〇分×三二回）、「統治機構論」で二単位（九〇分×一六回）ぐらいの時間をかけて学ぶことになります。

例えば、人権論では憲法二一条は「表現の自由」を保障していますが、そこにデモ行進の自由が含まれるのか、含まれるとしてどのような理由があれば、デモを規制できるのか、などを検討していきます。

あるいは、統治機構論では、「立法」で定めるべきはどんな内容か、政令に委任してもよいのはどんな時か、などを検討していきます。

ご興味のある方は、ぜひ教科書（二一八頁【付録Ⅲ】⑥⑦⑧など）を読んでみていただければと思います。

**国家批判は具体的に**

以上で、憲法の全体像をイメージしていただけたかと思います。もっとも、憲法がどんなに素晴らしいことを謳《うた》っていても、それを現実の社会で実現することができなければ意味がありません。

一般に、「憲法について学ぼう」という会では、「立憲主義とは、憲法によって国家を縛るものだ」という抽象的な説明がなされ、「今の政府は立憲主義に反していてけしからん」という話で終わることも多いかと思います。しかし、政府の側から見たとき、「立憲主義に反している」と抽象的に批判されても、何を言われているのか分からなく感じる面があります。子どもに漠然と「ちゃんとしなさい」と言っても意味がなく、「朝は七時には起きましょう」、「朝ご飯を食べましょう」などと、具体的になすべきことを伝えなければいけないのと同じです。

政府の側だって、「立憲主義なんてくだらないから無視してしまえ」と開き直っているわけではありません。自分なりに「ちゃんと」しているつもりなのです。ですから、政府を批判する側が、もっと具体的に、「こういう理由で、もっとこんな風にしなさい」と示してやらなければなりません。

憲法には、国家がやりがちな失敗が示されています。ですから、憲法をよく理解すれば、「憲法のこの部分を読んでごらんなさい。政府が今やろうとしていることは、この条文に反していますよ。そんなことでは、こんな悪いことがおきますよ」と的確な指摘ができるようになるでしょう。

## 息苦しさに気づいたら

本章の冒頭で蟻川論文を引用して述べたように、「**尊厳の担い手となった個人**が公権力担当者に憲法を守らせる」のが今日の憲法のあり方であり、「憲法の番人」である「個人」が憲法を使いこなしてこそ、憲法が活きていくのです。憲法を使いこなすためには、「立憲主義とは何か」といった基本原理の理解だけではなく、より具体的な指摘の仕方も学ぶ必要があります。

もっとも、一般の方々が憲法研究者のように、個々の条文を解釈して、事案の解決をできるようにしてほしいということではありません。もちろん、そうなれば立憲主義の実現のためにはよいことでしょうが、個々の市民の皆さんには、憲法の勉強以外にもなすべきことがたくさんあります。本当に細かい技術的な部分については、専門家に任せてもらえればいいのです。皆さんに身につけてほしいのは、「政府のこの活動は何かおかしいのではないか」、「個人の権利が侵害されているのではないか」という勘を働かせる能力です。

そうした勘を身につけるには、自分らしく生きようとした時に感じる息苦しさに気づくことが重要です。日本人は我慢を美徳とするので、いやなことがあっても我慢し、仕方がないと考える傾向があるように思います。しかし、本当に我慢すべきことなのか、社会の側を変えるべきではないのか、と考えてみることは非常に大切です。

そうした疑問を持ちながら憲法の条文を読んでみると、「この条文は今の自分を応援してくれているのではないか」と感じる条文に出会えることがあります。あるいは、そうした疑問について学者や弁護士さんなどの専門家に相談すれば、よい解決策が見つかったりします。

こういう抽象的な話をどれだけしても、なかなかイメージは持てないでしょう。そこで次章から、「人権論」として夫婦別姓の問題を、「統治機構論」として辺野《への》古《こ》基地建設を素材に、憲法を使いこなすとはどういうことなのかを具体的に考えていきたいと思います。

# 第二章　人権条項を活かす

## 家族と憲法

まず、人権保障を実現するにはどうしたらよいのかを考えてみましょう。

現在の日本では、「家族と憲法」がテーマになることが多くなっています。それは、次のような事情によると思います。

拷問の禁止や、どんな宗教を信じるか信じないかは個人の自由だとする信教の自由、あるいは、自分の好きな仕事をする職業選択の自由といった人権は、かなり昔から認識されており、そうした人権の保障はそれなりに定着してきました。これに対して、近年、家族の形の多様性が意識されるようになって、旧来からの家族システムに息苦しさを感じる人が増えてきています。それにもかかわらず、法制度がそれに応えられていないことの表れだと思います。

日本の家族法の対応は、世界の先進国の潮流に比較しても非常に鈍い面があります。例えば、近年、同性婚についての議論すら進んでいないことに批判が強まっています。

世界の先進国では、二〇〇〇年にオランダで同性婚を認める法律が成立したのを皮切りに、かなり多くの国で法制度が整えられました。アメリカでは、州によって対応が分かれていましたが、二〇一五年、連邦最高裁判所が同性婚カップルに異性婚カップルと同等の権利を与えないのは違憲だと判断したことで、すべての州で同性婚を認めなければならないことになりました。しかし、日本では、いくつかの自治体でパートナー証明書を発行するなどの制度が整えられ始めたばかりで、国会で本格的に議論しようという動きは見られません。

あるいは、離婚した女性が再婚できるまでの期間を六ヵ月とする待婚《たいこん》期間制度については、不合理に長すぎるという指摘がかなり昔からあり、具体的な改正案も示されていました。それにもかかわらず、改正作業はなかなか実現せず、二〇一五年一二月に最高裁に違憲だと判断されたのを受けて、ようやく国会に改正案を提出することが二〇一六年三月に閣議決定された（その後民法七三三条が改正され、女性の再婚禁止期間が一〇〇日に短縮となり、再婚禁止期間内でも再婚できる場合も明示、二〇一六年六月に公布・施行された）、というような状況です。

このように、家族法に関しては、立法による対応に期待ができません。裁判に訴えて権利を獲得するしかない、憲法を盾に闘って法律を変えさせるしかないのです。このため、家族法の分野において、人権問題の最先端の議論が生まれています。

**婚外子の相続分差別**

こうしたことを象徴する事例として、婚外子の相続分差別についても考えてみましょう。

現在では改正されましたが、かつての民法では、法律婚カップルの間に生まれた子どもと、それ以外のカップルに生まれた子どもとの間に、次のような法定相続分の差別をもうけていました。

【旧民法九〇〇条】
同順位の相続人が数人あるときは、その相続分は、次の各号の定めるところによる。

一　子及び配偶者が相続人であるときは、子の相続分及び配偶者の相続分は、各二分の一とする。

（中略）

四　子、直系尊属又は兄弟姉妹が数人あるときは、各自の相続分は、相等しいものとする。ただし、嫡出でない子の相続分は、嫡出である子の相続分の二分の一と……する。

法定相続分とは、亡くなった被相続人が遺言を残していなかった場合に、各相続人がどんな割合で遺産を相続すべきかを定めたものです。

例えば、私が死んだとしますと、私の妻と子ども二人が相続人になります。具体的にどんな割合になるかというと、まず、九〇〇条一号で、妻と子どもで二分の一に分けます。仮に私の遺産が九〇〇万円だったとすると、妻が四五〇万円、子どもが四五〇万円を相続することになります。続いて、九〇〇条四号で、子どもは平等に分けることとあるので、第一子が二二五万円、第二子も二二五万円を相続します。もしも子どもが三人いたらそれぞれ一五〇〇万円ずつ、五人いたらそれぞれ九〇〇万円ずつ、ということになります。

ところで、私は今のところ婚姻外に生まれた子どもはいないのですが、もしも第二子が婚姻外の子どもだったとしたら、九〇〇条四号但書《ただしがき》が適用されることになります。「嫡出の子」とは、法的な婚姻関係のあるカップルの間に生まれた子を言います。「嫡出でない子」とは、法的な婚姻関係のないカップルの間に生まれた子です。嫡出という言葉には「正統である」というニュアンスがあるので、私は、非嫡出子ではなく婚外子という言葉を使うことにしています。

さて、条文によると、婚内子と婚外子の割合は二対一とされているので、第一子が三〇〇〇万円、第二子は一五〇〇万円を相続することになります。これはいかにも婚姻関係外で生まれた子どもがかわいそうではないか、差別的ではないか、という主張がずっとなされてきました。具体的には、法の下の平等を定めた憲法一四条一項に反し違憲ではないか、と裁判でも争われてきました。

## 憲法一四条を解釈すると

日本国憲法一四条一項は、次のような条文です。

【憲法一四条一項】

すべて国民は、法の下に平等であつて、人種、信条、性別、社会的身分又は門地により、政治的、経済的又は社会的関係において、差別されない。

「人間は平等だから差別をしてはいけない」と言われれば、「そんなのは当然だ」と多くの方が考えるだろうと思います。しかし、法的に考えた時に難しいのは、何が差別なのかが分かりにくいということです。

例えば、所得の多い人には高い税率をかけて、所得の低い人には低い税率にする累進課税制度は、高所得者により重い負担を課すものですが、不平等だ、差別だ、とは通常考えないでしょう。あらゆる人に同じ扱いをしたのでは、かえって不当な結果が生じてしまいます。

法律は、ある条文の適用を受ける場合と受けない場合を区別することに本質がありますから、あらゆる区別が不当であるとは言えません。正しい区別と正しくない区別、不平等な区別との判断基準が重要になります。

そこで、憲法一四条一項は、あらゆる区別を禁止しているわけではなく、不合理な区別を禁止した規定であると理解されています。そして、合理的な区別と言えるかどうかは、①区別の目的が正当かどうか、そして、②その目的とその区別の間に合理的な関連性があるかどうかによって判断する、と理解されています。
②の合理的関連性があるかどうかというのは、目的の達成に役に立っているかを判断するという意味です。
例えば、累進課税については、①担税能力に応じた税負担を実現するという正当な目的があり、②所得の多い人に対してより高い税率を課すのは、その目的に照らして合理的と言えるので、合理的な区別であり憲法一四条に違反するものではない、と判断されます。

## 区別の合理性を判断する

では、婚外子の相続分を婚内子の二分の一とすることは、合理的な区別と言えるのでしょうか。この点について、初めて最高裁判所が判断を示したのが平成七（一九九五）年決定です。この時には、最高裁は、「婚姻の尊重」という目的のためには、婚外子の相続分を婚内子の二分の一とすることは合理的なので、平等権侵害には当たらないと判断しました。しかし、それから一八年がたった平成二五（二〇一三）年の最高裁判所決定では、差別に当たるとの判断がなされました。

それを見た人々の中には、最高裁は家族法の分野で、人権尊重の観点から踏み込んだ判断をするようになったのではないか、これまでの一歩引いた態度を改めたのではないか、と評価する人も多かったのではないかと思います。

つまり、以前は、婚姻制度を維持するためには、その内部の個々の人に多少の不利益が及んでもやむを得ない、という考え方をする傾向が裁判所にはあった。けれども、最近の最高裁は、個人の尊重という憲法の理念をより大切にし、思い切った判断も示すようになったのではないか、という見方があったのです。
この婚外子相続分の問題は、私の狭い意味での専門分野でもあり、話し出すとキリがありません。ですので、とりあえずは、最高裁の家族法分野に対する態度に変化があったという見方が存在した、そのことまでを記憶に留めておいていただければと思います。

### 夫婦別姓訴訟

さて、前提のための解説が長くなりましたが、そろそろ本題に入りましょう。夫婦別姓についてです。民法七五〇条には、次のように書かれています。

【民法七五〇条】
夫婦は、婚姻の際に定めるところに従い、夫又は妻の氏を称する。

この規定により、別姓のまま婚姻届を出しても、その婚姻届は受理されません。

これは憲法違反ではないかと訴えたのに対して、平成二七（二〇一五）年一二月一六日に最高裁判所大法廷判決が出されました。原告になられたのは、別姓を希望しながらもやむを得ずに婚姻をし、普段の生活では旧姓を使われている女性、あるいは、形式的に離婚をして事実婚の状態にある女性です。

原告の主張は、次のようなものです。

第一に、民法七五〇条は、氏名変更を強制されない自由（憲法一三条）の侵害であるという主張。第二に、男性と女性との間の氏変更についての平等権（憲法一四条一項）の侵害であるという主張。それぞれについて、もう少し詳しく見てみましょう。

まず、第一の主張の根拠となる憲法一三条を再び見てみましょう。

【憲法一三条】

すべて国民は、個人として尊重される。生命、自由及び幸福追求に対する国民の権利については、公共の福祉に反しない限り、立法その他の国政の上で、最大の尊重を必要とする。

日本国憲法には、思想・良心の自由や信教の自由など、いろいろな自由を保障した規定があります。しかし、「○○の自由」という形では憲法に規定はされていないけれども非常に重要な権利・自由もあります。それを憲法によって保護するための条文が憲法一三条です。例えば、プライバシー権を保護する明文の規定は日本国憲法にはありませんが、憲法一三条によって保護されると理解されています。

原告は、「氏の変更を強制されない権利」が憲法一三条によって保障されているにもかかわらず、民法七五〇条が夫婦同姓を強制するのは、違憲であると主張したわけです。

「氏の変更を強制されない権利」が憲法一三条によって保障されているという主張それ自体は、多くの法律家はもちろん、裁判所も認めると思います。ある日突然、「木村という氏は、明日から田中に変更する」などといった法律ができたとすれば、その法律は当然、憲法一三条違反であり、無効となるでしょう。ちなみに、私の先輩憲法学者の南野《みなみの》森さんは、「森」と書いて「しげる」と読むとてもおしゃれな名前の方ですが、私の名前「草太＝そうた」を、根性の腐ったやつだからと「くさた」「くさた」と呼びます。もちろん、私たちの関係においては冗談ということで何ともないのですが、それを国家が強制することは、決して許されません。

原告たちは、民法七五〇条によって夫の姓への変更を強制されたのであり、それは憲法一三条違反だと主張したということです。

さて、原告の第二の主張は、男性と女性との間の氏変更についての平等権（憲法一四条一項）の侵害であるという主張です。

先ほども説明しましたが、憲法一四条一項は、あらゆる区別を禁止しているわけではなく、不合理な区別を禁止した規定であると理解されています。そして、合理的な区別と言えるかどうかは、①区別の目的が正当かどうか、そして、②その目的とその区別の間に合理的な関連があるかどうかによって判断します。この判断の前提として、誰かと誰かの間に区別があることが必要であるということを、頭の隅に入れておいてください。あまりにも当たり前のことですが、そもそも区別が存在しなければ、区別が合理的か否かの判断をしようがないからです。

原告たちは、九五％以上の婚姻カップルが男性の姓を選択していることから、これは男女の間に不平等が存在し、憲法一四条違反だと主張したということです。

## 最高裁判所の判断

こうした原告たちの主張に対して、最高裁判所はどのような判断を示したのでしょうか。まず、第一の「氏の変更を強制されない権利」については、次のように言いました。

【判旨①】

本件で問題となっているのは、婚姻という身分関係の変動を自らの意思で選択することに伴って夫婦の一方が氏を改めるという場面であって、自らの意思に関わりなく氏を改めることが強制されるというものではない。

以上のような現行の法制度の下における氏の性質等に鑑みると、婚姻の際に「氏の変更を強制されない自由」が憲法上の権利として保障される人格権の一内容であるとはいえない。本件規定は、憲法一三条に違反するものではない。

つまり、確かに婚姻をすれば氏の変更を求められるが、そもそも婚姻するかどうかはカップルの自由な意思に基づくものだ。氏の変更が嫌なら、婚姻しなければいいのであり、「氏の変更を強制されない権利」が侵害されているとは言えない、という判断です。

この判断には、違和感を覚える方も多いのではないかと思います。実際には、事実婚ではなく法律婚をしなければいけないというプレッシャーを感じておられる方も多いでしょうから、「氏の変更が嫌なら婚姻しなければいい」というのは、あまりにも現実離れしているように感じるのでしょう。

しかし、法律論としては、確かに、婚姻を強制するような条文はありません。氏の変更が嫌なら、婚姻しなくてもよいのです。逆に言えば、婚姻届を出すということは、氏の変更に同意したのだとみなすことができます。法律論としては、当事者の意思に反して婚姻により強制的に氏を変更されることなど、ありえないわけです。

続いて、原告たちの第二の主張、男性と女性との間の氏変更についての不平等についていては、以下のように言いました。


【判旨②】

本件規定は、夫婦が夫又は妻の氏を称するものとしており、夫婦がいずれの氏を称するかを夫婦となろうとする者の間の協議に委ねているのであって、その文言上性別に基づく法的な差別的取扱いを定めているわけではなく、本件規定の定める夫婦同氏制それ自体に男女間の形式的な不平等が存在するわけではない。

したがって、本件規定は、憲法一四条一項に違反するものではない。


民法七五〇条の条文には、夫の氏に変えろと書かれているわけではありません。つまり、妻の氏に変えることもできるのだから、形式的には男女は全く平等です。

憲法一四条との関係でいうと、区別の合理性を判断するところまでいかず、その前提としての「そもそも区別があるか」の段階で、原告らの主張が排除されたのです。

## 主張の仕方の問題

このように、最高裁判所は、原告たちの二つの主張を、「そもそも氏の変更は強制されていない」、「そもそも男女の区別はない」と、前提問題を判断する段階で退けました。私は、この最高裁判決については、原告の主張の仕方がまずかったのではないか、と考えております。実は、最高裁判決が出る一ヵ月ほど前に、弁護団の勉強会に講師として呼ばれて、ついつい正直に、「この主張内容だったら、最高裁は原告の主張を退けるのは楽でしょうね」みたいなことを言ってしまいました。

原告の主張は、いずれも、形式論の段階で簡単に退けることができてしまい、実質的な判断、つまり、原告にとってどんな不利益があるのか、国の側にそれでも制度を維持するだけの理由があるのか、といった難しい判断をしなくて済むのです。原告の弁護団の先生方に冷たい目で見られ、だいぶ居心地は悪かったのですが、やはり法理論としてはそう言わざるを得ないと思います。

そうは言っても、私は、夫婦別姓を認めない現在の制度について、何の問題もない、完璧な制度だと考えているわけではありません。むしろ私だって、夫婦別姓を認めるべきだと思っておりますが、その理由づけ、主張の仕方が異なるのです。

私が問題とすべきだったと考えるのは、「同姓になることを許容するカップル」と「同姓になることを許容しないカップル」との間の不平等です。民法七五〇条は、女性に対して氏の変更を強制しているわけではありません。婚姻の法的効果を受けたければ、夫婦の氏を統一しなさいと言っているだけです。

もしも、どうしても女性差別だと訴えたいのであれば、訴える相手は、国ではなく夫ということになるでしょう。法律上は女性の氏でも男性の氏でも選べるようになっているのに、当然のように夫の氏に決めたのは、夫の圧力によるものだからです。「同姓になることを許容するカップル」と「同姓になることを許容しないカップル」との間の不平等を主張すれば、少なくとも、「そもそも区別が存在しないので違憲ではない」と裁判所に門前払いのような判断をされることはありません。氏の変更に同意しなければ婚姻届が受理されないのですから、区別そのものが存在しないとは言えないのです。

もしも、こうした区別についてその合理性が問われたとしたなら、最高裁判所もそれを合理的だと判断するのは難しかったのではないかと思います。なぜなら、もしもこの区別が合理的であることを主張しようとするなら、カップルが同姓であることが、夫婦にとってとても重要なのだと主張する必要があります。しかし、民法七五〇条は、婚姻するなら同姓にしなさいと言っているだけで、カップルに婚姻を強制する規定ではありません。つまり、婚姻を強制しないということは、カップルにとって同姓が不可欠ではないことを証明してしまっていることになるのです。

「家族法は夫婦同姓を推奨し、そうでないカップルを排除しようとしています」という主張は、「いかなるライフスタイルを選ぶかは個人の自由であって、国家が介入してはいけない」とする個人の尊重の理念に反するので、そうした前提はとれません。もしも、民法七五〇条の背後にそうした前提を置くのであれば、原告たちの第一の主張の通り、「氏の変更を強制されない権利」が侵害されていることになってしまいます。つまり、「氏の変更を強制されない権利」が民法七五〇条によって侵害されていない、という前提をとる限り、カップルにとって同姓であることに重要な目的があるとの主張はできないのです。

あるいは、カップルが同姓であることが夫婦にとって重要である理由として、「カップルの一体感が生まれるから」と主張する人もいます。そもそも本当にそんなことで一体感が生まれるのかは疑問ですが、仮に、夫婦が同姓であることによってカップルの一体感が生まれ、社会にとってよりよいと言えたとしても、この主張には説得力がありません。同姓を拒否するカップルは、そもそも婚姻という制度の利用を回避することになるので、カップルの一体感を醸成するのをかえって阻害する面さえあるからです。

## 人権論議には冷静な分析が必要

大事なのは、家族法は、国家の理想とする家族を保護し、それにそぐわないカップルやその子に制裁を加える制度ではないということです。婚外子の相続分を減らしたからといって、婚外子が生まれなくなるわけではありません。むしろ、婚外子に対する差別になります。同性愛のカップルを法律で保護しないからといって、同性愛者に異性と婚姻をするようには促せません。むしろ、同性愛者への不当な偏見を強めるだけです。

家族法が理想像を押し付けても、個々の人が持つ家族の在り方を変えることはできないのです。家族法は、「現に存在するカップルや親子に対して、どのような法的保護を与えるのが適切か」という観点から考えなければなりません。別姓を望むカップルに婚姻の効果を認めたほうがカップルや親子の安定にとってふさわしいのか、この点をもっと問うていかなければならなかったと思います。

結局、原告団の主張が退けられた理由、勝てなかった理由は、男女差別にとらわれたからではないかと思います。女性であることによって、日々の社会生活で感じるプレッシャーはいろいろあるのだと思います。しかし、民法七五〇条そのものは、女性でも男性でもどちらかの氏にそろえるように求めているだけで、男性の氏を優先しろとは一言も言っていない。結果的に男性の氏を選んでいる人が多いだけなのであって、民法七五〇条が男女差別をしているわけではありません。

人権論の論点は、イデオロギーで頭が固まってしまいがちです。しかし、それでは訴訟で勝てません。「不当な扱いを受けている」という怒りを抑えて、冷静になる。誰かをやみくもに攻撃するのではなく、自分の不利益や生きづらさの原因を落ちついて分析する。そうした態度を実践するためにも、憲法訴訟の判断枠組みに基づいて、一つ一つ丁寧に分析することが大事になります。自分のどのような権利が制約されているのか、誰と誰との間に区別があるのかをしっかりと見定めたうえで、そうした制度の合理性を問うていくのです。

私は、法科大学院などでも、理論の重要性を説いています。現に困っている人がいて、その人を助けたいと思っても、理論がガタガタのままでは裁判には勝てません。感じのいい人たちが「困っています」と訴えれば、一般の人々の同情を得られるかもしれません。しかし、それでは法律のプロとしてはだめだと思います。困っている人に共感する気持ちにとどまるのではなく、それを法理論の形にしていくこと、そこが人権条項を使いこなすうえで、とても大切だと思います。

# 第三章 「地方自治」は誰のものか

## 日本の基地問題

人権論に続いて、憲法学の二本の柱のもう一つ、「統治機構論」について、沖縄県の辺野古《へのこ》基地建設をめぐる問題を素材に考えてみたいと思います。

沖縄県にはたくさんの米軍基地がありますが、そのうち宜野湾《ぎのわん》市の普天間基地は、歴史的経緯もあって、住宅街の真ん中に基地がある状況になっています。実際に、二〇〇四年には沖縄国際大学の敷地内に米軍のヘリコプターが墜落する事故が起きたこともあって、世界一危険な基地とすら言われています。このため、沖縄県は普天間基地の移転をずっと求めてきました。

一九九六年に橋本龍太郎首相の下で、ようやく、普天間基地の全面返還を目指すことが日米の合意事項となりました。しかし、返還には条件が付けられ、代替施設が必要とされたのです。

どこに代替施設を建設するかについては、ずいぶんともめました。海外移設案が出たり、国内でも沖縄県以外の移設先が検討されたりしましたが、どこも話がまとりませんでした。地元の反対運動が強かったのも大きく影響したようです。結局、二〇〇二年に、沖縄県名護市の辺野古を移設先とすることとなりました。

現在の日本では、全国土面積のうちわずか〇・六％に過ぎない沖縄県に、在日米軍の専用面積の七三・八八％が集中している状況ですから、沖縄県は強く反発しています。もちろん、沖縄の人々だけではなく、これはおかしいと考える人がたくさんいます。例えば、第一章で紹介した法哲学者の長尾龍一さんは、ご自身のホームページ上の日記で次のように言っています。


「戦時における日本の罪悪」、日本人は悟らないのではなく、聞き飽きたのだ。しかし聞き飽きたからといって、耳を傾けない権利が生ずる訳ではない。安倍内閣、沖縄のように恒常的に不当な待遇を受けている人々の発言に、「聞き飽きた」と言って耳を背けているか。

(http://book.geocities.jp/ruichi_nagao/DiaryApril2015.html 二〇一五年四月一〇日)

長尾さんは、真の哲学者らしく、世の中に流布している主張を根本から疑う傾向の先生です。しかしそれでも、やはり、「聞き飽きた」と言って耳を傾けないわけにはいかない、とおっしゃっています。

普天間基地の危険性は一刻も早く解消する必要があります。しかし、解消のための新たな負担を沖縄県内で負わなければならないのでは、相変わらず沖縄の負担は減りません。「これは沖縄差別ではないか」という声が沖縄から、あるいは、沖縄以外の国民から上がるのも当然でしょう。

しかし、沖縄差別だと訴えても、政府は聞く耳を持ちません。差別解消のために他の県が候補に挙がるたびに、地元の反対運動が起こっていますから、「沖縄が気の毒なので、うちで引き受けましょう」などという声は出てきません。うっかり候補に挙がっては大変なので、沖縄が困っているのを尻目に、黙って見過ごすしかない。沖縄いじめのような状況になってしまうのです。

## 辺野古移設の法的根拠

安倍晋三首相や菅義偉《すがよしひで》官房長官が「粛々と」基地建設を進めると発言したのに対して、沖縄県側は強く反発しました。「粛々と」という言葉には、「手続きは整っている。沖縄県との交渉に応じるつもりはない」というニュアンスが込められていたからです。

国の側が県との話し合いに応じるつもりはない、政治的に解決できないとなれば、法的に闘っていくしかありません。それにはまず、本当に「粛々と」進められるほど、十分な手続きが整っているのかを検証しなければなりません。どうして辺野古に基地を建設することになったのか、その法的な根拠を検討する必要があります。

普天間基地の代替施設をどこにするのかを決定するまでには、日米ともにたくさんの関係者がいて、いろいろな会議があり、いろいろな話が出ています。ただ、法的に見たとき、国家の意思決定として示されたのは、二つの閣議決定だけです。

一つ目は、二〇〇六年五月三〇日、小泉純一郎内閣での閣議決定です。これにより、「普天間飛行場のキャンプ・シュワブへの移設」が明記されました。

二つ目は、二〇一〇年五月二八日、鳩山由紀夫内閣の閣議決定です。鳩山内閣は県外移設を改めて検討しましたが実現しませんでした。そして、「日米両国政府は、普天間飛行場を早期に移設・返還するために、代替の施設をキャンプ・シュワブ辺野古崎地区及びこれに隣接する水域に設置することとし、必要な作業を進めていく」ことが確認されました。

それ以外に、国会などが辺野古に基地を建設しようと決めたことはありません。当時の内閣が、内閣の重要な意思決定として、閣議決定という形で決めているだけなのです。しかし、これは本当に適切な手続きと言えるのでしょうか。「統治機構論」として問題があるのではないかという疑問が生じてきます。

実は、「統治機構論」は「この権限は誰の権限なのか」を延々と議論する分野です。例えば、立法は国会の権限と規定されています。しかし、あまり細かいことまでいちいち法律で定めなければならないとしたら、国会はパンクしてしまいます。大きな基本方針について法律で定めたら、あとは、各省庁や地元自治体の判断に委ねたほうがよいということもあるでしょう。ほかにも、内閣だけの判断で決めてよいこと、地方自治体の判断だけで決めてよいことなど、無限に権限配分の問題が生じます。国家の権限配分について、どのような機関がどのような手続きで決めれば、最も適切で最も効率的な意思決定ができるのかを考えるのが、統治機構論なのです。

そういう観点から見たとき、米軍基地の設置を内閣の判断のみで決めてよいのか、非常に疑問があります。というのも、米軍基地の設置は、地元の自治体にとって、非常に大きな自治権の制約になるからです。

## 日米地位協定が制限する自治権

日本とアメリカの間には、日米地位協定という条約が結ばれています。それによると、基地の敷地内については、アメリカの側に排他的管轄権があるとされています。つまり、米軍基地の内部には、外部の人間は通常は立ち入ることができません。街で万引きをした疑いのある人が基地内にいるとの疑いがあっても、普通のマンションとは違って、警察が捜査のために基地内に立ち入ることは米軍の了承がない限りできません。あるいは、二〇一五年八月に、相模原市の米軍施設で倉庫の爆発事故がありましたが、相模原の消防は、当初は基地内で消火活動をすることができませんでした。日米地位協定により施設の保管物が知らされず、さらなる爆発の恐れがあったからです。

先ほどお話しした、沖縄国際大学敷地内への米軍ヘリ墜落時には、基地の外が墜落現場であったにもかかわらず、米軍によって事故現場への立ち入りが制限され、警察も消防も近寄ることが許されませんでした。

さらに、基地の返還後についても、重要な取り決めがされています。基地内の土壌を汚染するようなことがあったとしても、基地の返還時には、土壌を元の状態に復旧する義務はないとされているのです。返還された土地を掘ってみたら、昔使った毒性の強い化学剤が埋められていて、そのままでは人への健康被害が生じる危険がある、ということにもなりかねない状況です。これでは、返還時の地元の負担は甚大です。

このように、米軍基地が設置されるということは、地元自治体の自治権が大きく制限されるということなのです。それにもかかわらず、米軍基地の場所を内閣の閣議決定で決めてしまうのは、地方自治を定めた憲法に反するのではないか、という疑問が生じます。

### 基地建設における法的根拠の不十分さ① 憲法四一条「立法」

こうした問題の解決方法として、私は「木村理論」を提唱しています。本当は将棋の初代実力名人制名人・木村義雄大先生にあやかって「木村定跡」と名付けたいのですが、そのすごさが通じる人があまりに少ないので、ひとまず木村理論と呼んでいただければ、と思います。木村理論を支えているのは、三つの憲法条文、憲法四一条、九二条、九五条です。

まず、憲法四一条には、「国会は、国権の最高機関であつて、国の唯一の立法機関である」と書いてあります。皆さんも、中学や高校の政治経済の授業で、なんとなく習った条文ではないでしょうか。中学や高校では、「日本の法律は国会が作るのだ」とわかっていれば事足ります。しかし、法学部では、この条文の意味を細かく考えていかねばなりません。

「国の唯一の立法機関」とは、国会以外の機関が立法することは許されないこと、そして、立法には他の機関が関与してはいけないこと、この二つを意味していると言われています。ここまでの議論でも、「ずいぶん細かいなぁ」とうんざりする方もいらっしゃると思いますが、法学部の真骨頂はここからです。

「立法は国会だけができる」と言われると、そういうものかと思うかもしれません。でも、ちょっとよく考えてみてください。日本のルールを決めているのは法律だけではありません。法律では基本的なことだけを決めて、細かいことは内閣の出す政令や、各省庁の出す省令など、下位の法形式に任せるということがよくあるのです。もしも、法律の内容が極端に大雑把で、実質的な内容をすべて政令や省令などに丸投げしてしまったなら、国会を唯一の立法機関とした意味がなくなってしまいます。

ですから、憲法が国会で定めることを要求している「立法」とは何なのかを考えなければなりません。立法とは「法律事項」を決定する権限のことを言います。

「法律事項」とは、法律によって決めなければいけない事項のことを言います。

では、法律によって決めなければならない事項とは何でしょうか。いろいろ専門家の間で議論がありましたが、現在では、「国政の重要事項」については、法律によって決めなければならない、と考えるのが一般的です。法学部的な議論に慣れていない方からすると、単なる言葉遊びのような感じを受けるかもしれませんが、「国会は唯一の立法機関です」という条文よりは、「国政の重要事項については、国会が法律で定めなければなりません」という説明のほうが、より具体的にイメージしやすくなっているのは、お感じいただけるのではないかと思います。

## 基地建設における法的根拠の不十分さ② 憲法九二条「地方自治の本旨」

さて、木村理論を支える第二の柱となる条文は、憲法九二条です。憲法九二条には、「地方公共団体の組織及び運営に関する事項は、地方自治の本旨に基いて、法律でこれを定める」と書いてあります。この条文についても、細かい解釈論はいろいろあるのですが、地元自治体の自治権を制限するのは、まさに「地方公共団体の運営」にかかわることだというのは、誰もが納得することだと思います。ですので、自治体のどのような自治権をどのような範囲で制限するのかは、法律で定めなければならないということになるはずです。

米軍基地をどこに設置するかは、国にとって大きな影響を与えますから、「国政の重要事項」に当たると考えるのが自然でしょう。また、先ほどもお話ししましたように、米軍基地が設置されれば、地元自治体の自治権は大きく制限されます。そうすると、米軍基地をどこに設置し、自治権をどこまで制限するのかは、法律事項であると考えるべきではないかと思われます。

もっとも、ここまでの考え方だと、政権与党が多数派を占める国会が、政府の望むとおりに法律を作ればおしまい、ということになりかねません。もちろん、野党からの厳しい追及もあるでしょうから法律を作るのはそれなりに大変です。しかし、議会の多数派と内閣とが非常に近い関係にある日本の制度の下では、現状から大きく変わることはないでしょう。政府の側は、「粛々と」法整備をして、基地建設を進めることでしょう。

しかし、日本国憲法には、もう一段階、手続きを要求する条文があります。それが木村理論の第三の柱、憲法九五条です。

## 基地建設における法的根拠の不十分さ③　憲法九五条「住民の投票」

この条文には、「一の地方公共団体のみに適用される特別法は、法律の定めるところにより、その地方公共団体の住民の投票においてその過半数の同意を得なければ、国会は、これを制定することができない」と書いてあります。つまり、特定の地方公共団体だけに適用される法律は、その住民の同意がなければ制定できないということです。

なぜ、こんな条文があるのでしょうか。それは、次のような理由によるものです。たとえ東京都や大阪府のような巨大な地方公共団体であっても、それを単独で扱うとすれば、日本全体から見れば少数派の地位にあります。もしも国が、特定の地方公共団体に負担を押し付けてきた場合、他の自治体はとばっちりを受けるのが嫌なので、負担を押し付けられる地方公共団体の味方をする人は出てこないでしょう。このように、不当な負担の押し付けによって、特定の地方公共団体が差別的な扱いを受けないよう、憲法は住民投票を要求したのです。

国がそんなことをするはずがないと思うかもしれませんが、最近もこうした話題が実際にありました。東京オリンピック開催のために、国立競技場を新たに建築するなどさまざまな整備が行われていますが、当初の想定よりもかなりの予算オーバーが生じました。そこで、文部科学省が東京都に五〇〇億円の負担を求めてきました。その当時、東京都知事を務めていた舛添さんがそれに応じない態度を示すと、では、東京都に負担を義務付ける法律を制定しようという動きがあったのです。舛添知事が、そんな法律を作ったら当然憲法九五条の住民投票が必要になる、と指摘したところ、法律を制定しようという話は全く出なくなりました。その後、東京都と国が協議をして、負担額について折り合いをつけたようです。

いくら都民がみんなで反対したところで、国会での過半数には届きません。もしも憲法九五条がなかったならば、国の側が本気を出せば法律を制定できたでしょう。憲法九五条があることによって、地方公共団体の平等が図られているのです。

また、地方公共団体の側に、住民投票という切り札があることによって、国が強権的な態度に出ることを押しとどめ、相互に真摯な協議をすべきことを促す効果もあります。

さて、辺野古に話を戻しますと、もしも新たに米軍基地を建設するならば、憲法四一条、憲法九二条に基づき、辺野古基地設置法のような法律を制定しなければなりません。地元自治体のどの権限をどこまで制限するのか、その基準を国民の代表である国会がきちんと話し合って、法律として決めなければなりません。

さらに、憲法九五条によって、地元自治体の住民による住民投票も必要となります。辺野古は名護市に位置するのですが、名護市の住民投票は当然必要となるでしょう。また、沖縄県の自治権にもかかわるでしょうから、沖縄県の住民投票も必要になるのではないかと思います。

## 当事者意識と民主主義

なぜ私は、基地建設に内閣の閣議決定だけではなく、国会による法律の制定と地元住民による住民投票が必要だと考えるのか。もちろん、法律や住民投票を求めれば、国民や住民の間の意見対立が明らかになって、議論はまとまりにくくなるでしょう。政府としては、そんなことにコストを払いたくないと考えるのも当然だと思います。

しかし、どんなに大変であっても、大事なことを決定する時には、多様な意見に耳を傾けながら、よりよい解決策を見つけていこうとするのが民主主義の基本的な思想です。権力者の側が多様な意見に耳を傾けることによってはじめて、個人の尊重が実現されるのです。

内閣のメンバーは、国民の投票によって直接選ばれているわけではありませんから、閣議決定で決まったことに、国民が当事者意識を持つことは難しいでしょう。しかし、国会議員は投票によって直接選ばれています。自分が投票した人がこの問題についてどのような態度を示したのかを知れば、沖縄という自分の住むところからは遠い場所の問題だと感じていたことにも、当事者意識を持つことができるでしょう。

沖縄の人々は、しばしば「沖縄の基地問題は本土の人による沖縄差別だ」と言います。多くの本土の人からすれば、沖縄を差別する気持ちなど全くないと思います。しかし、本土の人が選んだ国会議員は、沖縄の基地負担を平等にすることに関心を示しません。それは、国会議員を選んでいる私たちの無関心でもあります。そして、その無関心によって沖縄の基地問題が続いているのですから、「本土の人による沖縄差別」と言われてもやむを得ないのです。これを解消するためには、国会議員がみんなで基地問題に関心を持つことが必要です。そのためには、基地設置の法的根拠となる法律を、国会の責任で作るのが一番だと思います。

また、地元自治体の住民投票が必要となれば、政府の側は地元住民とのコミュニケーションをしなければなりません。イギリスでは、二〇一四年にスコットランド独立の住民投票が行われました。その時は、政党の垣根を超えて、政党幹部がみなスコットランドに行き、独立しないでくださいとお願いしたそうです。

辺野古について、日本の政党幹部がそろって沖縄を訪問したという話はありません。今の政府は、米軍基地は内閣が決めればいいことだと考えているので、国会で議論をして、多くの議員の意見を取りまとめる必要もありません。住民投票もいらないと考えているので、地元住民がどれだけ反対の声を上げようと、それを無視して「粛々と」建設を進めることができてしまいます。

法律と住民投票を必要とする木村理論で行くのか、それとも、内閣だけで決めてよいとする政府理論で行くのか。いずれに立つのかによって、国民や地元住民とのコミュニケーションの在り方が大きく変わってきます。

「統治機構論」は、主権者である国民が憲法を通じて国家機関にどのような権限を与えているのかを考える学問です。どのような統治機構のほうが、より憲法の定める形に合致するのか、より国民のためになるのか。皆さんにも、ぜひ真剣に考えていただきたいと思います。

## 安倍首相に問うてみたら

ちなみに、この木村理論は、私が個人的に妄想しているお話ではありません。世間の注目度は低いのですが、国会や裁判所でも議論がなされています。

二〇一五年四月八日の参議院予算委員会で、日本を元気にする会（当時、代表）の松田《まつだ》公太《こうた》議員が、安倍首相に木村理論に基づいた質問をしています。新聞などでは、〝松田公太（元気）〟と表記されていて、「ああ、お元気なのか、それは良かった」なんて気分になってしまいそうですが、「元気」は公式の会派名の略称です。

松田議員は、私がコメンテイターを務めておりましたテレビ朝日系列の「報道ステーション」をたまたまご覧になっていて、木村理論を知ったそうです。もともと日本を元気にする会は、国論を二分するような重要な政策については国民投票や住民投票を積極的に取り入れるべきではないか、との立場だったので、辺野古基地問題の解決には憲法九五条に基づく住民投票が必要ではないか、との議論に興味を持ったとのことでした。後日、私のところに連絡が来まして、一時間ほど説明させていただきました。

松田議員は、辺野古問題は「国政の重要事項」にあたるとの安倍首相の答弁を引き出した後、次のように質問しました（二〇四頁【付録Ⅱ】参照）。

【二〇一五年四月八日　参議院予算委員会　松田公太議員】

……国政の重要事項だということはお認めになっているわけですね。そうであれば、全国民の代表である国会でこれについて審議をして、例えば辺野古基地設置法のような法律を制定して、法律事項として進めるべきだと私は思っているんです。

それについてまず一つお聞きしたいのと、また同時に、その場合は、特定の地域、つまり名護市に負担を強いる立法となるわけですから、憲法九十五条によって最終的には名護市の住民投票、これが必要となるわけですから、これをもって決する必要があるんじゃないかなと私は思いますが、総理、いかがでしょうか。

これに対して、安倍首相は、次のように答えています。

【二〇一五年四月八日　参議院予算委員会　安倍晋三首相】

まず、政府として、まさに行政の責任として、当然、もちろん国会にも様々なそのための法律を作る際には御議論をいただきますが、行政の責任として、国民の命と幸せな暮らし、領土、領海を守っていくというのが政府の責任であります。そして、日米同盟の中において条約上の義務を果たしていくのもこれは行政でございます。

（中略）

そして、一日も早く普天間の危険を除去しなければならないという観点から今工事等を進めているのでございますが、既にある法令にのっとってこれは粛々と進めているわけでございますので、これに上乗せして法律を作っていく必要は私はないのではないかと、このように思っているところでございます。

## 二つの憲法観

ここでは、二つの憲法観が争われています。松田議員が提示している憲法観は、

「国政の重要事項」については全国民の代表である国会議員が責任を持つべきであり、法律に基づいて政策を進めるべきだ、さらに、法律の内容によっては、住民投票もして、地元とのコミュニケーションをとっていこうというものです。

これに対して、安倍首相の憲法観は、行政権の長である内閣が全責任を負っているのであり、アメリカとの合意さえできていれば、内閣の判断によってすべて決定できる、それ以上の手続きはいらない、というものです。

どちらの憲法観がよいのか、それは、いずれの憲法解釈を採用するかという問題であります。究極的にはそれを決めるのは国民ですし、今後、もっと議論が必要だと思います。

## 代執行訴訟での木村理論

実は、木村理論については、すでに裁判所でも争われています。二〇一六年に国と沖縄県の間で和解が成立した代執行訴訟です。「代執行訴訟」とはいったい何なのか、よほど行政法に精通していないと何のことやらわからないかと思いますが、ごく簡単に言うと次のようなものです。

二〇一三年一二月二七日に、仲井眞弘多《なかいまひろかず》知事が、辺野古基地建設のために海を埋め立てることを許可する「埋立承認処分」をしました。しかし、これへの県民の反発が強く、二〇一四年一一月の選挙で現在の翁長雄志《おながたけし》沖縄県知事が誕生しました。そして、二〇一五年一〇月一三日に翁長知事は、仲井眞前知事の行った埋立承認処分を取り消すため、「承認取消処分」をしました。これでは困ると、翁長知事の承認取消処分を取り消し、仲井眞前知事の埋立承認処分を復活させる処分を沖縄県に代わってするための訴訟を国の側が提起したということです（二〇一五年一一月）。本来、沖縄県知事のなすべき処分を、裁判を通じて国が代わりにできるようにするので、代執行訴訟と呼ばれます。

この訴訟の中で、公有水面埋立法の解釈・あてはめが争点の一つとなっています。知事が埋立を承認するためには、その埋立が「国土の利用上、適正かつ合理的であること」が条件とされます。ですから、沖縄県側は、埋立承認をすることができない理由として、非常に実務的な行政法上の主張ですとか、貴重な珊瑚が破壊されるなどの環境上の主張を積み上げています。そうした主張の一つとして、木村理論に基づく主張もなされています。

実は、私は「沖縄タイムス」という地方紙に時々記事を書いておりまして、そこでも木村理論を紹介していました。それに関心を持った沖縄県の担当の方々が話を聞きに来てくださったので、訴訟の準備にも協力させていただいています。具体的に、どういう主張をしているのかというと、次の通りです。

先ほどからお話ししています通り、本来であれば、憲法四一条及び九二条により、米軍基地の新設には根拠となる法律が必要です。しかし、辺野古新基地建設は、閣議決定と日米間の合意を根拠とするのみで、具体的な根拠法が存在しません。ですから、仮に埋立を行っても、根拠法の不備により、その埋立地は米軍基地として運用できません。法律上、米軍基地として使用できないにもかかわらず、海を埋め立てるのは全く不合理ですから、仲井眞前知事による埋立承認は合理性を欠いており、それを取り消す処分は適法です。そのような主張です。

**国側の反論は……**

私は、この主張に対して国側がどのような反論をしてくるのか、非常に興味深く感じていました。法律論の組み立ては、「自分はこうあるべきだと思う」といくら訴えても意味がありません。ある主張がなされたら、それに対する反論がなされる。その反論に対して、さらに再反論を考える。そうした積み重ねによって洗練されていくものです。

松田議員が安倍首相に直接、法的根拠を聞いてくださいましたが、日米安保条約を持ち出すだけで、法律上の根拠は不明確でした。ですから、国側の主張を支える、いわば超エリートの法律家がどんな反論をしてくるのか、純粋な学問的好奇心としても楽しみにしている気持ちがあったのです。

しかしながら、国側の反論は全くの期待外れでした。国側の主張には、こんなことが書いてありました。

**【国側・第二準備書面八九頁】**

〔著者注・「ア」にて沖縄県の主張を要約したうえで〕

イ　しかしながら、憲法九二条にいう「地方公共団体の組織及び運営に関する事項」を定めた法律は、地方自治法であるところ〔中略〕、同法一条の2には、これまで繰り返し述べてきたとおり、国においては「国際社会における国家としての存立にかかわる事務・・・全国的な規模で若しくは全国的な視点に立って行わなければならない〔原文ママ〕施策及び事業の実施その他の国が本来果たすべき役割を重点的に担」う一方（同条2項）、地方公共団体は「住民の福祉の増進を図ることを基本として、地域における行政を自主的かつ総合的に実施する役割を広く担う」ことが定められ（同条一項）〔中略〕ている。

ウ　ここで、本件代替施設等は、国会に承認された条約（憲法七三条三号）である日米安全保障条約及び日米地位協定に基づき提供されるものであって、それは我が国の存立や安全保障の維持にかかわる事務であるところ、上記地方自治法の規定をつぶさにみても、当該事務の処理を、地方公共団体の権限とする定めはなく、かえって、かかる事務は、国において重点的に担うべきものと定められていることは、上記のとおりである。

したがって、本件代替施設等は、法律上及び条約上の根拠に基づいて建設され提供されているのであるから憲法四一条に違反せず、また、当該事務は「地方公共団体の組織及び運営に関する事項」でなく、何ら自治権の侵害は観念できないから、憲法九二条にも違反しない。


私は、この国側の反論を見て、ぞっとしました。辺野古に米軍基地を設置する根拠法が本当にないのだ、ということにぞっとしたのです。

一般に、存在しないことの証明は「悪魔の証明」と呼ばれるように、かなり困難です。なぜなら、ある人が探した範囲では見つからなくても、まだ探していない場所に存在する可能性を否定できないからです。私は自分なりに、辺野古基地建設の法的根拠を検討しましたが、いくら探しても条約と日米合意、それに閣議決定しか見つけられませんでした。

日本政府が民主主義や法の支配といった基本原理に基づく国家運営をしていると考えるなら、私が知らないだけで何らかのきちんとした根拠法があってほしい、と願っていた部分がありました。

しかし、国側の反論は、安全保障は国の事務だから国が決める。地元自治体の自治権制限はないから、法律の制定も不要だというものです。法律として挙げられているのは、地方自治法のみです。私が危惧した通り、本当に、内閣が「ここに基地を造る」と閣議決定をして、アメリカと合意ができれば、そこに基地を造ってよいと政府は考えているようです。

## 地方自治が有名無実化する

さらに気になったのは、国側の反論が、まったくかみ合っていないことです。そもそも、沖縄県の側は、安全保障の権限が自治体にあるなどとは主張していません。当然その権限は国の側にある。しかし、米軍基地の設置に伴い付随的に自治権の制限が生じるので、自治権制限を根拠づける法律をきちんと制定してくれ、と言っているだけです。国側の主張に従うなら、「安全保障のために必要がある」と国の側が考えれば、法律なしにあらゆる自治権を制限できることになってしまいます。これは地方自治を有名無実化する、大変に恐ろしい憲法観です。

「統治機構論」は、「その権限は誰の権限なのか」を考える学問です。そこで議論されることは、「法律事項とは何か」とか、「地方公共団体の運営とは何か」とか、一見、非常に細かいテクニカルな主張に見えます。しかし、そうした解釈は、単純に条文を眺めていれば決まるというものではありません。条文の文言に最大限の注意を払いつつ、合理的な判断をするためにはその権限を誰に与えるのがよいか、より多くの人が決定に納得するためにはどのような手続きを通すのがよいか、という点を十分に考えたうえで導き出されるものです。

そう考えると、統治機構論の議論も私たちの生活にかかわってくる議論なのだ、身近な議論なのだと感じていただけるのではないかと思います。

## 憲法を守らせるのは一人ひとりの国民

私たちにとって憲法とは、「人権が尊重され、よき統治がなされる社会を作ろう」という希望を実現するために存在します。そうした希望は、人間が人間らしく生きていくために不可欠なものです。決して贅沢な望み、わがままな願いではありません。

しかし、権力者に憲法を守らせるのは簡単ではありません。権力の座に就けば、自分たちの邪魔をする人を排除したくなるものです。権力者が自ら進んで人権を保障し、権力分立を進めていくなどということを期待できないことは、歴史が証明しています。

憲法を守らせるのは、究極的には私たち国民です。私たち一人ひとりが、権力者に憲法を守るように求めていかねばならないのです。もちろん、訴訟で判断を示すのは裁判所ですし、政府の行動に関する憲法チェックをしているのは内閣法制局です。しかし、究極的には国民一人ひとりが憲法を理解し、権力者が不当なことをしている時に、「それは許されない」という声を上げていかなければ、裁判所だって内閣法制局だって、権力者の側に引き寄せられていってしまいます。

## 憲法学者の役割

私の師匠の一人である長谷部《はせべ》恭男《やすお》先生は、憲法の専門家について、こんな風におっしゃっています。

憲法学者は憲法の専門家である。専門家は、一般人が日常的には出くわさないことを日常的に取り扱う。毎朝通勤する人を「通勤の専門家」とはいわない。有能な外科医は、毎日のように難手術をするかも知れない。各患者は、一生に一度の危機に瀕した自分のために、外科医が精魂込めて手術することを期待するだろうが、外科医にとってあなただけを特別視する理由はない。一般人が滅多に出会わない非常事態を平常時として処理する点に、専門家のメリットがある。

（中略）一般の人々は、革命やクーデターのような非常時を除いて、こうした問題には滅多に出くわさない。不磨の大典と見えるものの底にある奈落を垣間見ることもない。日々こうした問題とつきあうために、奈落を見ても平気でいるのが憲法の専門家である。

（長谷部恭男『憲法学のフロンティア』岩波書店、おわりに）

長谷部先生のキャラクターを知っておりますと、憲法の専門家は変人であることを自ら認める発言に、何とも言えない飄々《ひょうひょう》とした知性を感じて面白いわけですが、興味のある方は、ぜひ、先生の著書に触れてみていただければと思います。

一般の人々は、革命やクーデターのような非常事態にでもならない限り、国家とは何かとか、これは憲法に照らして許されるのかなどと考えることはありません。そんなことを常日頃から考えている人は、もはや一般人とは言えないでしょう。

憲法学者は一般の人が考えもしないような不磨の大典の奈落を垣間見る生活をしているのだ、という発言は、見方によっては、いけ好かないエリート主義に感じられるでしょう。しかし、長谷部先生がおっしゃりたいのは、次のような意味だと思います。

憲法について考えると、権力者への恐ろしさがわいてきます。例えば、辺野古基地問題を突き詰めていくと、「安全保障に関することは、すべて内閣が勝手に決めていいのだ」との思想に向き合わなければならなくなります。こんなことを日常的に考えていては、権力者への不信感で、まともな生活ができなくなってしまうでしょう。でも、やはり誰かが考えておかなければ、本当にイザという時に太刀打ちできなくなってしまいます。だから、憲法学者が必要なのです。

もっとも、一般の人々が本当に憲法に無関心であったなら、イザという時に、いくら憲法学者が警告を発しても、誰も聞く耳を持たないでしょう。憲法学者は、権力者による権力の濫用を常日頃から警告するので、まるでオオカミ少年のように感じることもあるかもしれません。でも、少年の警告を無視して最後に悲惨な目にあうのは、無視をした村人たちです。

## 憲法にはまだまだ可能性がある

通常は、憲法学者が警告すれば、国民も権力者に対して警戒の目を向けますから、権力者はそうそう悪いことはできません。しかし、国民が憲法学者の警告を無視するようになれば、権力者は憲法に縛られずに、やりたい放題をする日が来るでしょう。

それを防ぐためには、イザという時に警告を発している憲法学者の発言内容をきちんと検証できるだけの力を国民が持っていなければなりません。常日頃、国家の暴走を恐れる必要はありませんが、憲法学者が警告を発した時には、「まあ、大丈夫だろう」と安易に思わずに、「本当に大丈夫か？」と周囲に目を光らせてほしいと思います。これが、憲法を守らせるのは究極的には国民だということの意味の一つです。

もっとも、憲法学者だって、憲法についてあらゆることが分かっているわけではありません。数学者の加藤和也先生は、次のようにおっしゃっています。

よく人に会うと数学は研究することなんてなくてもう全部わかっちゃってるでしょう、と言われるんですが、私の考えではまだ山の麓にたどり着いたばっかりなんですよね。それは別に数学に限らず他の学問もきっとそうだと思うんですよ。

（加藤和也「素数の歌はとんからり……」）

(http://www.chem.konan-u.ac.jp/PCSI/web_material/math_kato.pdf)

加藤和也先生は大数学者で、整数論の世界では、日本はもちろん世界を代表するような方ですが、そんな方でも、山の麓《ふもと》にたどり着いたばかりだとおっしゃっています。憲法学の世界でも、これまでに解釈論として検討してきたことはほんの一部に過ぎないと感じることがあります。まだまだ誰も考えてこなかった領域というのがたくさんあるでしょう。

実際、夫婦別姓の問題について法律婚と事実婚の区別の観点から考えるとか、辺野古基地建設の問題について法的根拠の有無を詰めるといった作業は、これまであまりなされてきていませんでした。憲法九二条は、法律家なら誰でも知っているべき条文なのに、辺野古問題で使えるのではないか、という議論がされたことはなかったのです。

そういう意味では、憲法にはまだまだ可能性があります。今までは、これは仕方のないことなのだ、我慢するしかないことなのだ、と思い込んでいたことであっても、憲法を見直すことによって、よりよい形に変えていくことができるかもしれません。

憲法は、私たち一人ひとりのよりよい生のために、人権を守り、権力をコントロールしています。憲法は日々を生きる私たちの味方です。しかし、私たちがそれをうまく使いこなさなければ、憲法を活かすことはできません。

憲法は「よりよい社会にしたい」という国民一人ひとりの希望から形作られるものです。そうした希望を実現するために、憲法をより身近なものと感じて、憲法に関心を持ち、一人ひとりが憲法を「使いこなす」という想いを持っていただけたらと思います。

# 第四章　対談「憲法を使いこなす」には

国谷裕子×木村草太

**国谷**　皆さんこんにちは。国谷裕子です。皆さまご承知の通り、私は（二〇一六年）三月まで三〇年近くテレビカメラを通してインタビュー・対談をしてまいりました。今日は特に、憲法がテーマということで、非常にドキドキしておりますが、どうぞよろしくお願いいたします。

実際に（公布）七〇年を迎える憲法について、一般の市民の方々がどのようにとらえていらっしゃるのかを世論調査などで見てまいりますと、憲法の改正論議が高まるにつれて、改正は必要ないという声がむしろ高まってきている状況です。

今回は、木村草太さんとの対談の中で、木村さんがこうした世論の動きをどのように見ていらっしゃるのか、また、木村さんご自身が憲法改正についてどのようにお考えなのかについても、お聞きしてまいりたいと思います。

最初に、憲法をどうやって私たちが使いこなしていくのかについて、木村さんがお話のなかで実例として取り上げられていた、夫婦別姓そして辺野古基地建設の問題を通して、もう少し深く考えていけたらと思います。

情報量も多く、憲法という難しい問題でありましたので、木村さんと一緒に、もう少しかみくだいていくところから始めたいと思います。

## 夫婦別姓問題

基本的人権について考えるために木村さんが取り上げたのは、夫婦別姓の問題です。二〇一五年一二月、夫婦同姓は違憲ではないとの最高裁の判決が出ました。その判決が出たときに、メディアでは、「最高裁はずいぶん保守的ではないか」という論調が多かったように思います。裁判官一五人のうち、三人の女性裁判官はすべて違憲の判断でしたから、男性の裁判官はやはり保守的なのだ、と感じた女性も多かったのではないかと思います。

しかし、木村さんのお話を伺いますと、男性と女性の不平等、あるいは女性が差別されているという攻め方をしたことが、夫婦別姓を認めないのは違憲だという判断を導けなかった原因ではないか、とおっしゃっています。

女性は無理矢理、氏を変えられているわけではなく、氏が変わることに同意した上で、婚姻届を出している。また、制度上は、男性の氏か女性の氏かは選べるようになっているので、決して差別的なものではないのではないか、とおっしゃっていたと思います。

しかし、実際には、九五％以上は婚姻後の氏を男性側の氏にしています。強制はされていない、婚姻への合意があるとはいえ、いろいろな社会的なプレッシャーはあるのではないか、結果としての不平等な状況は現実にあるのではないか、とも見られます。現在では、共働きの世帯の方が多くなっていますし、男女平等の意識も浸透しています。

なぜ裁判所は、社会のこうした動向をもっと考慮して憲法判断をしなかったのでしょうか。

**木村**　仮に、婚姻後の氏の選択が夫側と妻側で五〇％ずつぐらいに分かれていたとしたら、夫婦別姓を認める必要がないのか、という問いを考えると、男女差別で攻めることが、法律論としてちょっと的を射ていないというのが、分かるのではないかと思います。たとえ、氏を変える人が男女半々で、男女差別ではないと言えるとしても、別姓のまま婚姻したいという人の利益を無視していいのかを考える必要がありますよね。

また、社会動向を踏まえた判断をなぜしないのかという点につきましては、最高裁は法律論をやる場ですので、社会の流れがどうであれ、法律論としてはこうだ、というのを示すという側面があります。そうすると、「自らの意思に反して氏を変えられない権利」についての権利制約がそもそもないので、ああいう結論にならざるを得ないということです。

また、私は、三人の女性裁判官が書いた反対意見を相対的に低く評価しているのですが、その理由は、「昔はよかったけれど、最近になって女性の社会進出が進み、違憲になった」という書き方をしているからです。もしも女性差別だというなら、婚姻に際して夫婦同姓を求めることは、この法律ができたときから違憲なはずです。最近になって違憲になったというのは、欺瞞《ぎまん》的だとも言えます。

最高裁としては「理論を貫く」という司法の職責を果たす立場から、原告の主張に対してああいう答えにならざるを得なかったのだと私は見ています。

## 憲法判断は時代の流れで変わるのか

**国谷**　ただ、先ほど、婚外子相続分の差別問題も取り上げられました。その平成七年の最高裁の判断では、それは違憲ではないと判断されていました。しかし、平成二五年の最高裁では、社会の変化から考えて、婚外子に不利益を与えるようなことはしてはならない、法定相続分を区別する合理性はなく違憲であるとの判断がなされました。そこでは、社会動向の変化を踏まえた判断が出ているわけです。

それを考えると、夫婦別姓についても、社会動向を踏まえた判断が示されてもおかしくなかったのではないか、とも思えるのですが。

**木村**　私は、平成二五年の決定が出た時、最初は気に食わなかったのです。差別なのだとしたら、条文ができた時からずっと違憲なはずで、平成一三年七月以降になって違憲になったというのは筋が通らない、理論的に考えておかしいと思いました。

そこで、法的判断としての筋を通すために、平成二五年決定をどう読むべきかと考えました。そして、この決定は、「平成一三年七月から合理性が失われて違憲になった」という判断を示したのではなく、「平成一三年七月以降には、この規定が不合理で違憲であることを誰もが気付けるようになった」という判断を示したものとして読むべきではないか、と考えるようになりました。

ちょっと複雑な法律論ではありますが、相続では、法定相続分の規定よりも被相続人の意思の方が優先されます。平成一三年七月以前の被相続人は、この規定の合理性・合憲性を信じていたので、遺言がないということは、婚外子については二分の一にしようという意思があったものと法的には評価できる。しかし、平成一三年七月以降の被相続人は、この規定が不合理・違憲であることを認識しているので、遺言がないということは、婚外子も平等にしようという意思があったものと法的には評価できる。

技巧的ではありますが、そうした理解をすれば、最高裁の判断は理論的に筋の通ったものとなります。この論点を掘り下げると、本当に面白い話になっていくのですが、この辺りでやめておきましょう。

大事なのは、時代の流れと憲法判断との間には、関係がある場合とない場合があるということです。

ある規定が差別的であるかどうかの判断は、時代の流れとは関係ないはずです。五〇年前にだって仕事を持つ女性はいたわけですから、氏が変わることで多大な不利益を受けていたかもしれない。あるいは、仕事をしていない人でも、氏が変わることでその人にとっては深刻な不利益があったかもしれない。

差別であるかどうかの判断は、困っている人の数が多いかどうかとは関係ありません し、差別として社会が認識していたかどうかとも関係ありません。

これに対して、時代の流れによって変わるものもあります。例えば、「ある政策目標を達成するために、インターネット技術のない時代であれば、その規制は有効であった。しかし、インターネット技術のある現代においては、その規制は有効でなくなったので違憲になった」というような場合はあるでしょう。

こと差別に関する限り、時代の流れは関係ないというのは、とても大事なことだと思います。例えば、一九五〇年代のアメリカでは、バスの席や公衆トイレ、さらには初等・中等教育の学校まで、黒人用と白人用で区別しているような州がありました。当時のアメリカ社会では、黒人と白人が一緒になるとトラブルになるから、区分けするのは当然だと考えられていたのです。そうした区別が裁判所の判断により徐々に解消されていったのは六〇年代頃からです。

黒人と白人の分離を昔の人々が当然のことだと考えていたとしても、それは差別であって、やってはならないことであったのは明らかです。社会の側に罪の意識がなかったとしても、差別の被害者が差別されていると認識していなかったとしても、差別は決して許されません。ただ、差別であることを認識するのに、時間がかかることがある、というだけのことです。

### 法律婚と事実婚の区別を考える

**国谷** もし木村さんが先ほどおっしゃっていたように、弁護団が、法律婚と事実婚との間の不平等という主張で闘っていたとしたら、夫婦別姓を認めないのは違憲であると最高裁が判断した可能性があるのでしょうか。

**木村** 私はあると思います。また、少なくとも、「区別がないから原告の請求は認められない」という判断にはならなかったと思います。

差別について合憲・違憲の結論を導くまでには、「区別があるか」、「その区別に合理性があるか」という二つのハードルを越えられるかどうかを判断します。今回の裁判では、「男性と女性との間に氏の変更についての区別があるか」という一つ目のハードルを越えることができませんでした。

しかし、法律婚と事実婚との区別を主張すれば、少なくとも両者の間に税制や相続などの点で区別があることは明らかですから、一つ目のハードルは越えられます。ですから、それを区別することに合理性があるかという議論に進むことができます。

そして、法律婚と事実婚の区別ということを考えていくと、実は、女性差別という議論に行き着く可能性もある。女性差別だと言うためには、女性が氏変更を強制されているということを示す必要があります。「法律婚をせずに一緒に暮らすことはものすごく不利益なので、事実婚の関係にとどまることは、同氏にしないことに対して制裁を加えられているのと同じことだ」との主張を説得的にできれば、氏変更を強制されていると見ることができるでしょう。

しかし、今回の訴訟では、女性差別の話しかなされていないので、「事実婚を選んだ場合に、どういう不利益があるのか」についての議論が深まっていない印象を受けました。そういう意味では、女性差別を問題とする上でも、主張の仕方が少し違っていたのではないかと思います。

**国谷**　とても不思議ですね。夫婦の同姓を定める民法七五〇条の規定が、ある闘い方をすれば合憲と言われ、また違う闘い方をすれば違憲という判決を引き出せたかもしれない。

裁判というのは、法廷戦略がすべてを決めてしまうということでしょうか。

**木村**　「法律構成」と言われる分野ですが、まったく同じ事件でも、法律の主張の仕方が変わるだけでまったく結論が変わるというのはよくあることなのですね。弁護士がプロフェッションとして頑張らないといけないのは、まさに法律構成です。

自分が少し主張の仕方を間違えてしまっただけで、依頼人の権利が実現できなくなってしまう。ですから、有能な弁護士に依頼することが重要なのです。また、有能な弁護士を社会に届けるために、その教育にかかわる人たちも重要な責任を負っています。

## 「木村定跡」で見る基地建設問題

**国谷** では、続いて、統治機構の事例として挙げられていた、辺野古の基地建設問題に移りたいと思います。こちらも、また難しい問題です。私が「木村定跡」(木村理論)をきちんと理解しているかということを試される部分もあるかと思いますが。

普天間基地の代替施設を辺野古に建設するということが、二〇〇六年の小泉内閣、二〇一〇年の鳩山内閣の閣議決定で決められました。

これに対して木村さんは、米軍基地建設というのは国政の重要事項であるから、立法措置をとるべきだとおっしゃっていました。なぜ立法措置が必要かというと、米軍基地においてはアメリカがその基地について排他的管轄権を持つことになる。逆に、基地が建設される地方自治体の側から見れば、都市計画や消防・警察、航空管制といった自治体の権限が制限されることになるからだ、と。

憲法九二条は、「地方公共団体の組織及び運営に関する事項は、地方自治の本旨に基いて、法律でこれを定める」という条文です。この条文によるなら、沖縄県や名護市の自治権をどの範囲でどのように制限するのか、その代償としていかなる措置を講ずるのかについて、法律で決めるべきではないか、とおっしゃっている。

もし、立法措置がとられたとしたら、その法律は特定の自治体だけに適用されることになるので、憲法九五条に基づき、その自治体の住民の方々による住民投票を行い、過半数の承認が必要である、と。

しかし、国は、そういった立法は必要ないと考えている。それは、九二条の解釈の違いによるものであろう、ということですね。

現在、地方自治法が制定されていますが、安全保障や基地建設は地方自治体の事務ではないから、地方自治法にはそうした事項についての規定はない。基地建設は中央政府の事務であるから、憲法九二条に基づく新たな立法措置は不要だし、当然、憲法九五条に基づく住民投票も不要である、そう政府は理解している、と。

木村さんは、政府と「木村定跡」とではまったく憲法観が違っているとおっしゃっていました。確かに、内閣が決めればよいと考えるのか、国会や住民の関与が必要だと考えるのか、とても大きく考え方が異なっています。

そうした違いを生んでいるのは何なのか、それぞれの理論の核の部分とはどういったものだとお考えでしょうか。

**木村**　国の側は、安全保障の問題は国の事務だから、それに関わることはすべて国が決めていいのだと言っています。ただ、沖縄県や名護市の側だって、安全保障が自治体の事務だと言っているわけではありません。沖縄県や名護市が基地の場所を決める権限を持っている、などと主張しているわけではないのです。

沖縄県や名護市の側が主張しているのはこういうことです。安全保障は国の事務で、それをどうするかは国が決めることです。しかし、基地を造れば、地方自治体の自治権を制限するという側面も生じます。だから、その自治権制限の側面については、憲法九二条に基づいて、きちんと立法手続きを踏んでください、という主張をしているのです。

例えば、沖縄の嘉手納《かでな》基地はいくつかの自治体にまたがっているのですが、嘉手納町の面積の八二%が基地用地で占められています。当然、基地の中に対しては、町の行政権はほとんど及ばないわけですから、基地は嘉手納町の行政権をシャットアウトして造られている、そう解釈せざるを得ないだろうと思います。だから、憲法九二条に基づいて、自治権の制限に関する法律を作ってくれ、と主張しているのです。

これに対して国の側は、安全保障の問題となった瞬間に、自治体の権限はすべて排除されてよい、という前提をとっている。安全保障について決定する権限の中に、地元の自治権を制約する権限が含まれている、というかなり強権的と言われても仕方がないような理解を前提に、議論しているように思います。

## 憲法九二条の「地方自治の本旨」とは

**国谷**　憲法九二条には、「地方自治の本旨に基いて、法律でこれを定める」とあるわけですが、この「地方自治の本旨」というのが何なのか難しく感じます。私は帰国子女なので、英語の条文の方が分かりやすく感じることもあるのですが、英語では、「principle of local autonomy」と書いてあります。「principle＝本旨」というのが、いったいどこに書いてあるのか、何なのかというのは、どのように考えたらいいのでしょうか。

**木村**　確かに、その理解はとても重要です。憲法九二条は二つのことを言っていると理解されています。一つは、「地方公共団体の組織及び運営に関する事項は法律という形式で定めなければいけない」ということ。それから、「その法律は地方自治の本旨という原理に基づいて定められなければいけない」ということ。

この条文の成立過程は、とても興味深いものです。もともとGHQ（連合国軍総司令部）が憲法草案を示した時には、地方の組織や運営に関することは住民自身が住民憲章を作って決めるのだ、という条文になっていました。

**国谷**　住民憲章とは？

**木村**　いわば、「各市町村の憲法」ですね。地方自治体の基本的なあり方は、国の定める地方自治法ではなく、住民自らの手によって作るべきだ、という提案だったのです。これは、アメリカのホームルール制に由来する考え方です。アメリカの自治体は、まさに自治体の憲法を作るところから自分たちでやります。

GHQが、日本もそういう制度にしてはどうですか、と提案したのに対して、日本側は、そこまではいけない、やはり法律で定めるべきだと考えました。ただ、単純に法律で決めるということにしてしまうと、「自治」ということが尊重されない法制度ができてしまう可能性があるので、「地方自治の本旨」にのっとりなさい、という文言を入れたのです。

つまり、ホームルール制による住民憲章の代わりに、法律はprincipleに基づかねばならないという制約を入れることになったのです。

しかし残念ながら、制憲議会の時には、「地方自治の本旨」とは何なのかについて政府の側がはっきり説明していません。当時の議事録を見ても、大村清一《おおむらせいいち》内務大臣は、「地方自治の本旨」の「意味の内容と云うものは必ずしも明確ではございませぬ」と素直に認めてしまっています。そのため、憲法解釈で内容を確定していくことになりました。

現在の通説となっている考え方は、「地方自治の本旨」は、団体自治の原理と住民自治の原理の二つからなるという考え方です。団体自治の原理とは、その自治体のことに関しては団体として独立して意思決定できる、という考え方です。また、住民自治とは、地方の政治に関しては住民が自ら決定しなければならない、という考え方です。

自治体の領域内に、自治体の行政権が及ばない空間を作り出すということは、その空間では住民の求める管理ができないということ、住民自治ができなくなるということです。

例えば、いつの日か米軍基地が返還される時に、その土壌が汚染されていたら困りますから、地元の自治体としては、環境規制をしたいはずです。しかし、日米地位協定によって、環境規制に関する自治体の権限はすべて排除されることになっています。これは、自治体の環境規制権限の制約になります。

この点を自治体の側が争う時には、まず、「環境規制権限の制限をするなら、憲法九二条に基づいて法律を定めてください」と主張できます。仮に、法律で環境規制の権限が制限されたとしても、さらに、「その法律は、『地方自治の本旨』に反するのではないですか」と主張できます。
こうした二段構えの主張ができることに、「地方自治の本旨」が定められた意義があります。

**米軍基地は地方自治に反する？**

**国谷**　市民感覚で地方自治をとらえますと、「地方の時代」ということがずっと言われてきておりまして、地方自治は民主主義の基本を体現するものだ、という考え方が浸透してきているように思います。
例えば、基地の建設を決める時に、誰がどうやって決めるのが一番いいのかを考える時に、社会の動向によって考え方が変わる、ということもありうるとお考えでしょうか。

**木村**　はい、そう思います。私が示したような議論というのは、潜在的には米軍基地が存在した当初からあったはずです。しかし、米軍基地が実は地方自治に反するのではないか、という問題が強く意識されるようになったのは、地方自治に対しての国民の意識がここまで高まってきたからだ、という面はあると思います。

先ほど、憲法九二条についての話がややマニアックになってしまいましたが、法学部の専門分野としても、地方自治に関する研究に関心が高まっている感じはしています。

そして、翁長知事も地方自治を強調なさっていますが、米軍基地と自治権の制限を関連づけて考える動きは、沖縄県はもちろん、他の自治体の間でも高まってきていると思います。専門研究者のみならず市民の間にも地方自治への関心が高まってきている中で、米軍基地と地方自治というテーマがタイミングよく出されたから、議論されるようになってきている、ということだと思います。

社会の関心が高まっていなければ、同じテーマを示しても議論は盛り上がらなかった可能性はあるだろうと思います。憲法には潜在的に、国民や住民の利益を実現する規定があるとしても、国民的関心がなければ、憲法を活かすことはできません。憲法の条文を活かせるかどうかは国民の意識次第である、そういう面はあると思います。

**砂川判決のメッセージ**

**国谷**　「米軍基地の建設には立法措置や住民投票が必要である」という「木村定跡」が非常に新鮮に聞こえるのはなぜなのだろうと考えました。

もしかしたら、「米軍基地の存在は憲法違反ではないか」が問われた砂川《すながわ》事件の影響があるのではないかと感じました。

最高裁判所は昭和三四（一九五九）年、砂川事件判決で「統治行為論」と呼ばれる立場を示しています。つまり、高度な政治性を有する国家の行為については、司法の審査対象から除外する、違憲かどうかの法的判断を裁判所が示すことはしない、との立場を示しました。

そうした判断があるから、なんとなく、「基地に関することは、法的な議論をしてもどうにもならないのかな」ととらえられるイメージが広がったのではないか、という気がするのですが、どのようにお考えですか。

**木村**　確かに、米軍基地というテーマになった瞬間に、「手を出すのはヤバイ」という雰囲気があるのは感じますし、砂川判決にその原因があるというのも、一面では正しいと思います。ただ、私たちは、砂川判決のメッセージをもっと正しくとらえる必要があると思います。

砂川判決は、「日米安全保障条約のように高度な政治性を持つ条約については、一見してきわめて明白に違憲無効と認められない限り、その内容について違憲かどうかの法的判断を下すことはできない」と言っています。この判断は、憲法判断をする裁判所の責任を放棄しているという面があるでしょう。では、なぜ裁判所が判断を回避するのか、悪く言えば逃げるのかという点について、憲法学では、次のような考慮があるのではないかという議論がされています。

裁判所が政治的に重要なテーマについて積極的に判断するようになってしまうと、政治の側が裁判所の人事に強い関心を持たざるを得なくなります。政権の側としては、自分たちが重要だと考える政策の実現を邪魔されないように、裁判所の人事に介入するようになってしまうでしょう。

米軍基地の存在は、日本の安全保障にとって非常に重要な要素だと政府は考えていますから、もしも裁判所が「米軍基地の存在は違憲です」と判断するのが標準化したならば、当然、政権の側は、自分たちの意向に沿う人を裁判官にしようとするでしょう。今の状況なら、政権内の実力者とも仲がよいといわれ、ファンも多い百田尚樹さんを最高裁判事にしよう、ということになるかもしれません。

でも、万が一そうした状況になってしまったら、通常の司法の判断、つまり、日常的な損害賠償や刑事事件の判断などに支障が出てきてしまいます。それはどうしても避けねばならないので、極端に政治性の強い論点については回避します、だから、政治の側もそこは手加減してね、というところを、最高裁は落としどころにしているのではないか、ということです。

もちろん、そうした態度は最高裁としては情けない、という面もあるでしょう。ただ、最高裁は、「憲法判断は究極的には国民がやるものだ」という指摘もしています。つまり、どんな憲法判断であっても、最終的には主権者である国民が権力者に守らせるのでなければダメなのだということです。

もしも、砂川事件で「日米安保は合憲です」と最高裁が明示してしまったなら、市民や国民の側は、「日米安保は憲法に照らして不当ではないか」という議論をすることが難しくなってしまいますね。逆に、政府の側は「最高裁が合憲と言っているのだから、安全保障に関することは全部合憲なのだ」と開き直ってしまうかもしれません。

実際、二〇一五年の安保法制の議論では、政権の中心的な人たちが「最高裁は砂川事件で、自衛権は全部認められていると判断している」というような、判例をまじめに研究している者からするとありえないことを言っていて、とても驚きました。

最高裁の判断が空白であれば、市民の側が政府の政策に対して「それは本当に憲法に照らして妥当ですか」と問い続けることができます。政府の側が市民の問いに真摯に向き合い、市民と政府とのコミュニケーションを活性化させるためには、最高裁があえて判断を空白にしておく、というのも非常に有効です。

政治的な争点についての判断をあえて国民に投げ返すことで、「自分たちの選び取った憲法とは何だったのか」について、国民の間で活発に議論できるようにする。砂川判決の統治行為論には、そういう面もあるのではないかというのが、先ほど紹介しました（第一章の冒頭と末尾）、蟻川先生の議論です。

なぜ国民が憲法について議論することが大事なのかというと、憲法を市民が論じることによって市民が「尊厳」の担い手になったからだ、という議論を蟻川先生は展開しています。

貴族がなぜプライドを持つのかといえば、貴族という身分にあるからこそ守らなくてはならない規範やルールがあるからです。中世立憲主義においては、国家がどうあるべきかを考える責任は貴族が担っていました。

しかし、近代立憲主義においては、貴族はいません。私たち国民一人ひとりが、政治権力を監視し憲法を守らせるという「責任と尊厳」の担い手になるべきなのだ、それによってこそ憲法は守られていくのだ、というのが蟻川先生の論文のテーマです。

砂川判決の中に、そうした最高裁のメッセージを読み込むというのは、非常に魅力的な判例理解だと私は思います。

## 国民の憲法リテラシー

**国谷**　私たち国民が究極的にどうあるべきかを決めるということになりますと、私自身、憲法九五条というものの持つ意味を今回勉強して初めて知ったので、国民の側の憲法リテラシーというものが強く問われるのだなと思います。

改めて、「米軍基地の建設には立法措置や住民投票が必要である」という市民感覚が自然と湧き出るような状況にないのはなぜなのだろうかと考えますと、そこには、歴史的背景もあるように感じます。

日本各地の米軍基地は、アメリカによる占領時代に造られたものです。アメリカによる占領の終了と同時に、まさにその日に日米安保条約が成立して、占領時の基地がそのまま存続してきました。ですから、そうした基地について、市民の力で何かを変えるという動きが生まれにくかったというのも、よくわかる気がいたします。

これに対して、辺野古というのは、一九七二年に沖縄に施政権が返還された後、初めて建設されることになる基地となります。そういう意味では、司法にとって、辺野古のケースというのは非常にチャレンジングなケースになるのではないかと思われますが、いかがお考えでしょうか。

**木村**　今、沖縄と国とは辺野古基地の建設を巡って法廷闘争をしていますが、もしそれが最高裁まで行った時に、最高裁がどう判断するかと考えると、なかなか大変だろうとは思います。

もちろん、私は、私の説が憲法に照らして妥当だと思いますから、最高裁も私の説に従った判断を示すべきだと思います。ただ一方で、自分で判決を書くとなったら、手が震えるだろうと思います。米軍基地の設置には住民投票が必要ということになれば、既に存在する基地も含めて、大きな影響が出るからです。

ただ、最高裁の判断は、「法理論的にはそうだから」と、世論の動きをバッサリと無視して出せるほど単純なものではありません。裁判所が大きな決断をするためには、「憲法をこう理解して、国家をこういう風にしていこう」という国民の合意に対する信頼がとても重要になってくると思います。

そういう意味では、最高裁判決ですらも、究極的には国民の支持がなければ成り立たないのです。実際に歴史を見ると、国民の支持がない中で憲法判断をして、裁判所が権威を失っていったという例がいろいろとあります。

例えば、ヨーロッパで最初に憲法裁判所の制度を作ったのはおそらくオーストリアだったと記憶していますが、当時は社民党政権だったので、社民党政権が任命した裁判官が並んでいました。それがだんだん右派政権になっていくに従い、憲法裁判所の判断と国民の支持する政治的感覚とがずれていってしまい、憲法裁判所の裁判官が非常に苦労したそうです。

そういう意味では、憲法裁判所をポンと作ったからといって、憲法の精神が実現されるわけではありません。やはり、憲法の番人としての国民が憲法を理解することが大前提で、国民がどう考えているかを考慮した上でないと、憲法裁判所も機能しなくなってしまいます。

## 憲法裁判所は日本にも必要か

**国谷**　こうしてお聞きしてきますと、裁判所は、重要な政治問題については積極的な憲法判断を避けてきました。その代わりと言いますか、これまでのケースでは、政府の内部機関である内閣法制局が、憲法解釈をしてきたように思います。

ただ、いろいろな対立するような考え方が出てきた場合、その是非について法理論に基づいて抽象的に判断するような機関が、日本にも必要なのではないでしょうか。ドイツをはじめとしたヨーロッパ各国には憲法裁判所がありますが、どのようにお考えでしょうか。

**木村**　立憲主義が脅《おびや》かされているとの危機感を受けて、憲法裁判所を導入すべきではないかという議論が生まれるのは、自然な流れですし、きちんと議論すべきことだと思います。憲法裁判所の導入を議論する際に十分に考えなければならないのは、憲法裁判所判事の人事をどうするのかという点です。

先ほど申しました通り、政権の意向を受けた人が判事の席を独占してしまったら、逆に、憲法が政権の権威づけの道具として利用されてしまう可能性があります。憲法裁判所の人事制度をどうデザインするのかは、かなり難しい面があります。

実際、国によっては、元政治家が裁判官になっている場合もあります。また、裁判官の任用が、大きな政治問題になる国もあります。例えば、アメリカの最高裁判事は任期がないので死ぬまで判事を続けられる、つまり、大統領よりもずっと長い期間にわたって、影響力を及ぼすことになります。民主党政権時代に任命された裁判官が、共和党政権に代わってから重要政策について違憲判決を書き続ける、あるいは逆に、共和党政権時代に任命された裁判官が民主党政権の重要政策に違憲判決を書き続ける、ということもありえます。

憲法裁判所は政治の場なのだと割り切るなら、そうした制度デザインもありうるのでしょう。しかし、そうではなく、憲法裁判所は政治的に中立であるべきだ、政治から独立しなければならないと考えるとしたら、独立性を確保するシステムを作るのはとても大変なことです。

国民の意思を全く反映せずにエリート裁判官をズラッと並べればいいのかといえば、おそらくそうではないでしょう。先ほども指摘しましたとおり、たとえ法理論的に正しかったとしても、国民の支持が全くなければ、裁判所の権威を維持できないからです。

また、人事の面とは別に、国民による憲法論議を促すという観点から見たときに、憲法裁判所の導入は国民の議論を妨げるのではないか、という懸念もあります。

例えばドイツでは一九九四年、ＮＡＴＯ（北大西洋条約機構）域外派兵の解禁を憲法解釈の変更によって行いましたが、その背景には、ドイツの憲法裁判所が、その解釈は合憲と判断したという事情があったのです。ドイツの憲法では、ＮＡＴＯ条約の範囲内においては軍隊を派遣できることが明らかだったのですが、ＮＡＴＯ領域外にまで派遣できるのかが憲法解釈上争われていました。当時のコール政権が、域外派遣も合憲であるとの解釈をとり、それについて憲法裁判所がお墨付きを与えたということです。

もしも日本に憲法裁判所があったとしたら、二〇一五年九月に安保法制について憲法裁判所があっさりと合憲ですとの判断を示していた可能性もゼロではありません。もしそうなっていたら、国民の間で違憲ではないかという議論が高まることはなかったでしょう。

また逆に、憲法裁判所があっさりと違憲ですとの判断をしてしまっていれば、裁判官への人事介入の危険が高まったでしょう。さらに、日本の安全保障をどう考えるのかについて、国民が真剣に考え議論する機会を奪うことになったでしょう。

憲法裁判所を導入するという提案は、とても魅力的です。しかし、憲法裁判所を適切に運営するのは簡単ではない、憲法裁判所を作りさえすれば立憲主義がうまく実現するというものではない、ということを理解し、そこに十分に注意した上で、議論していってほしいと思います。

**憲法に謳われた自由**

**国谷**　国民がどこまで憲法に関心を持ち、議論を高めることができるかということがポイントではないかということですね。

ここまでは、木村さんの先ほどの講演内容に基づいて、夫婦別姓と辺野古の問題について伺ってまいりました。続いて、「憲法を使いこなす」という点についても、話を進めたいと思います。

木村さんは若くして憲法の専門家になっていらっしゃいます。しかし、普通の市民の方たちにとっては、憲法は何となく難しいもの、遠いものという感覚があるのではないかと思います。木村さんは、なぜ憲法に関心を持たれるようになったのか、そして、なぜ憲法を専門にしようと思われたのでしょうか。

**木村**　憲法に初めて関心を持ったのは中学生の時です。国谷さんは帰国子女でいらっしゃいますので、日本の中学校というのがどういう空間なのか、あまりイメージをお持ちでないかもしれません。

私が通った中学は、上の学年がとても荒れていた。要するに、金髪にリーゼントみたいな生徒がたくさんいて、そういう学年が卒業した後でした。先生方の間には「二度とああいう学年にしないために、締め付けを強化しよう」という意識が強くあって、生徒に対して非常に抑圧的でした。

スカートの丈の長さも決まっていて、それよりちょっと短いだけで呼び出されるような状況でした。私は女性ではないので、スカートの長さを怒られた経験はありませんが、それ以外にも、あれこれと本当にうるさく言われて、「息苦しいなぁ」と感じていたわけです。

そんな時に、本屋さんでたまたま『日本国憲法』という本が平積みになっていたのを手にしたのです。最近、改めて話題にもなった小学館の本で、富士山だとか、家族のお風呂だとかの写真のなかに、憲法の条文が書いてある、ちょっと変わった本です。

それを読むと、自由だ、自由だ、自由だ、と書いてある。「これは素晴らしい!」と関心を持ったのが出発点です。

**国谷** 自由を求めてですか。

**木村** はい、自由を求めてですね(笑)。

自由を求めて大学も法学部を選びました。最初は、憲法の研究者になるのは難しそうなので、司法試験の勉強をしようと思っていたのです。別に、研究者になるよりも司法試験に合格する方が簡単というわけでは全くありません。しかし、人数としては憲法研究者として職に就いている人よりも、司法試験合格者の方が多いので、そちらの方が、常識的な流れだと感じたのです。

しかし、司法試験の勉強をしているうちに、自分にとっては向いていないな、研究者になるための勉強よりもはるかに難しいな、という確信に至りました。今日は、弁護士の先生方がたくさんいらっしゃいますので、少々申し上げにくいのですが、司法試験に合格するには、本当に細かい勉強をしなければなりません。

例えば、車を買ったら、ディーラーがその車を買主の家に届けるまでに傷がついていました、誰がどこまで責任を負いますか、みたいなことをコツコツきっちりと詰めていかなければならない。そういうルールはすごく大事なことだと思うのですが、私は大雑把な人間なので、そういうことをやりたいわけではないなぁ、と感じました。そこで、憲法の研究者になると覚悟を決めました。

憲法研究者になろうというモチベーションに何があったかと言いますと、こんなことです。憲法で一番売れている教科書は、芦部《あしべ》信喜《のぶよし》という大先生の書かれた岩波書店から出ている『憲法』という本です。しかし、そこに書かれている内容は、あまりにも緩くて、理論的に突き詰められているとは言えない。こんなに粗い議論では人権は守れない。人権を守るために理論を徹底的に詰めよう、理論的な体系を築き上げようと思って、憲法研究者の道に進むことを決めました。

**国谷**　素晴らしい学生ですね（笑）。

**木村**　自由が抑圧されている時というのが、人権に対しての感覚が鋭敏になる時です。作家の中島らもさんは、逮捕中に適切な医療を受けられず、命の危険にまで至ったことに腹を立て、国家権力と対決しようと覚悟したそうです。その時に憲法をじっくりと読んで、頼もしく感じたとおっしゃっていました（憲法プロジェクト2004『日本の憲法　国民主権の論点』講談社、二〇〇四年、所収）。逮捕されたらもさんを引き合いに出すのはどうか、というご意見もおありでしょうが（笑）。

ただ、本当につらい時だからこそ、憲法が保障する自由の価値がわかる、という面はあると思います。憲法の専門家である私も、「こんなことに困っている」、「こんな社会はおかしいのでは」という当事者の切実な訴えを聞いて、改めて憲法の条文を読み直し、気づくこともよくありますから。

**国谷**　憲法の条文を読んでいて、その中に込められた内容を、本当にどれだけの方々が、どこまで理解し記憶できていらっしゃるのだろうと思うことがあります。私自身も含めて、憲法というのは高い所に祀《まつ》り上げられているものという感覚があります。

私は日本の教育を受けていないので、もちろん日本の教育現場を詳しく知っているわけではないのですが、憲法九条についてさまざまな解釈・議論があるため、教育の現場でも教師の方々が教えることにあまり積極的ではない、という話を聞くこともあります。

そうしたことを考えると、日本全体として、憲法の全体像について学ぶ機会がなく、憲法リテラシーが乏しいという問題があるのではないかという感じもするのですが、どのように考えていらっしゃいますか。

**道徳教育よりも法学教育を**

**木村**　私は、憲法というよりも法学教育一般が非常に立ち遅れているのではないかと考えています。私は道徳教育よりも法学教育をすべきだという主張を続けていて、二〇一六年一月に「現代ビジネス」（講談社）というインターネットメディアに書いた原稿は、かなり反響がありました。それは、広島県教育委員会が作成した組体操を素材とした道徳教材について検討したものです。

その教材はこんな内容でした。運動会の前日に六年生が組体操のピラミッドの練習をしていたところ、下の段のわたる君がバランスを崩し、上の段のつよし君が落ちて肩を骨折した。組体操を楽しみにしていたつよし君は悔しくて、わたる君が謝っても許すことができない。そんなつよし君は、お母さんに、「一番つらい思いをしているのはわたる君だと思う」、「わたる君を許せるのなら、いい勉強をしたと思う」と言われ、わたる君に電話しようと受話器を取った、というものです。

この教材を見て、私は「ちょっと待ってくれ」と思いました。組体操、特にピラミッドやタワーなどの大技をやれば、子どもが重大なけがをする危険があります。組体操の危険については、名古屋大学大学院の内田良《りょう》先生の活動などのおかげで、急速に認識が高まってきています。

もちろん、この教材が作られたころには、そうした世論はなかったかもしれません。しかし、教師は大切な子どもを預かるのですから、子どもの安全を第一に考え、安全を確保した上で、教育効果の高い活動を選ばなければなりません。つまり、世論があろうとなかろうと、教師は自分たちの指導中に骨折事故が起きたということを重く受け止め、安全対策を徹底的に考えなければいけないはずです。

それなのに、この教材では、骨折の原因はわたる君だと当然のように書いてある。学校が指導者として子どもの安全に配慮すべき義務、いわゆる安全配慮義務については、考えたふしもないのです。

たとえ子どもの道徳教材だといっても、これはあまりにもおかしいだろう、危険なことを子どもにやらせた先生の責任についても学ばなければならないと思って、「いま必要なのは、道徳教育ではなくて法学教育なのだ」と主張しました。そのためには、私の『キヨミズ准教授の法学入門』(星海社新書)がお勧めです、というようなこともあわせて書いたのですが(笑)、本当に多くの方に読んでいただいたようです。

法学教育とは何なのか。それは、異なる価値観を持つ人たちが一緒に生きていくためにはどうしたらよいのか、ということを考えることだと思います。

道徳はもちろん大切です。しかし道徳は、究極的には人によって考え方が分かれてしまうものです。個人が一人ひとり真摯に向き合って、どうするのがよいのだろうかと考えていくべきものです。それを教育の現場で行おうとしても、教師が望むよい子像を押し付けることになりかねません。

これに対して法律は、そうした道徳も含めた価値観が人によって分かれてしまうところで、最低限すべての人が守らなければならないラインがどこにあるのかを、国民の代表である国会が議論して決めたものです。ですから、まずはそれをしっかりと理解すべきだろう、というのが私の考えです。

法律の定めが間違っていた場合に、それを正す力となるのは、道徳などの個人の自由な良心だったりもするわけですが、なぜ法律がそういうラインに定めたのかをしっかりと理解していなければ、新たなルールを作り出す議論もできません。ですから、もっと法学をしっかり身につけてほしいと考えています。

国谷さんに逆にお尋ねしたいのですが、アメリカの初等・中等教育では、法学教育を日本よりもちゃんとやっているというようなことはないのでしょうか。

**国谷** 私はいろいろな国で教育を受けていて、特定の国ですべての初等・中等教育を経験したわけではないので、うまくお答えすることは難しいのですが、「rule of law＝法の支配」ということについては、かなり早い段階から教えられている、という記憶はあります。

それは、憲法ということではなく、rule of law は重要なのだ、という教育が徹底されているという感覚です。

**木村** まさにそこだと思います。rule of law という感覚のないところで、「場合によっては法律よりも大事なものがあるんだ」という感覚で議論してしまうことは、非常に危険です。

二〇一五年の安保法制をめぐる議論でも、「九条よりも安全保障が大事だ」という主張が聞かれました。組体操の危険性を指摘しても、「法律上の安全配慮義務よりも、組体操による一体感が大事だ」と言う人が、本当に驚くほどたくさんいます。

## 歴史は憲法違反のオンパレード

**国谷**　木村さんは、社会学者の大澤真幸《まさち》さんと対談した『憲法の条件―戦後70年から考える』（NHK出版新書）という書籍の中で、次のようにおっしゃっています。「いまの政治状況は『憲法の危機』でしょう。しかし同時に、いまならかえって、公共性を見据えた憲法論議ができるかもしれません。そう思うと、私自身もワクワクしてきました」。

今は憲法の危機だけれども議論のチャンス、これはどのような思いでお書きになられたのでしょうか。

**木村**　立派な憲法を制定したからといって、すぐに憲法が国民に定着して、国家権力が憲法を守るようになるわけではありません。どこの国でも、国家権力が憲法を無視したりないがしろにしたりしたのに対して、市民の側がきちんと声をあげて正させる、そういう歴史を、何度も繰り返してきているわけです。

例えばアメリカでも、奴隷制や黒人保護をめぐる歴史をたどると、憲法違反のオンパレードです。州知事が平然と最高裁判決を無視したこともあります。

一九五四年に「ブラウン判決」と呼ばれる有名な判決が出ています。当時のカンザス州の州法では、黒人と白人とを分離して公立学校を作るように定めていました。たとえ分離していても、黒人と白人で同レベルの教育をしていれば、「分離すれど平等」だからアメリカ合衆国憲法修正一四条の定める「法の下における平等保護」には反しない、と主張していたのです。しかし、ブラウン判決は、人種によって違う学校にすることは「黒人は劣っている」というスティグマ（烙印）となり、差別を助長するので違憲であると判断しました。

しかし、この判決が出た後も南部の州では反発が強く、公立学校での分離はもちろん、それ以外の公共施設でも差別は続きました。一九五七年には、アーカンソー州の知事が、黒人学生の高校入学を妨害するために州兵を召集する、という事態にまでなったのです。これに対して、アイゼンハワー大統領が空挺師団を派遣して、黒人学生の入学をエスコートしてまで、最高裁判決を実現しようとしました（リトルロック高校事件）。

そこまでしないと、黒人と白人の教育の平等を実現することができないという状況にあった。しかし、そういう経験をいくつか積み重ねてこそ、「教育における差別は絶対に許されないんだ」ということがしっかりと定着してきているわけです。

黒人差別は許されないという本当に基本的な倫理観が定着するにも、何年もかかっている。そういう意味では、現在の日本において、権力者の側が違憲の疑いの強い内容を含む法案を無理に通すという現象を見た時に、確かに立憲主義の危機ではあるけれど、今だからこそ、市民の側がしっかりと憲法の価値を考えることができるチャンスである、とも考えられるのではないかと思います。

実際に、市民向けの勉強会や講演会でも、ご年配の方々だけではなく、あらゆる年代の方々が参加してくださっています。そして、今の社会の問題点について真剣に考え、それを解決する道筋を見出そうと、本を読んだりデモに参加したり、あるいはボランティアに積極的に参加したり、社会起業家を目指したりと、自分なりの行動をしている人がたくさんいます。

そういう皆さんの様子を見ていると、基本的な価値を守るために、憲法を改めて選び取ろうという気運があるのだ、私自身もそうした歴史の流れの中で一つの役割を果たしているのだ、と感じています。

### 本格化する改憲議論

**国谷**　安倍首相は、二〇一六年七月の（参議院）選挙に向けて、たびたび憲法改正について発言されていることもあって、国民の関心も高まっています。憲法記念日の前後になりますと、各メディアが世論調査を行いますが、この四年間の経年変化は非常に興味深いものです。

簡単に言いますと、二〇一二年に第二次安倍政権が発足して四ヵ月後の調査では、九条改正に賛成する人が増えました。改憲ムードが高まる時期があったのです。しかし、その後、集団的自衛権が議論になったり、衆参両院で与党が過半数をかなり上回る議席を占めたりして、憲法改正の議論が現実味を帯びてきますと、今度は、憲法改正が必要と考えている人の割合が減って、憲法改正は必要ではないとする人の割合が増えました。

ＮＨＫが二〇一六年の四月に行った調査では、憲法を改正する必要があると思うと答えた方が二七・三％、どちらともいえないと答えた方が三八・一％、改正する必要はないと思うと答えた方が三〇・五％でした。この改正する必要がないと答えた方が、この四年間で最も多くなりました。改正が必要と答える方のほうが多いという状況がしばらく続いていたのですが、最近の調査では、改正は必要ないと答える人が増えて、逆転したということです。

また、憲法九条改正についてのＮＨＫの調査では、九条を改正する必要があると思うと答えた方が二二・一％、どちらともいえないと答えた方が三二・八％、改正する必要はないと思うと答えた方が三九・八％となっています。憲法九条に関しましては、これまでも改正の必要はないと思うとの回答が多かったのですが、今回は、必要があると答えた人の割合と必要はないと答えた人の割合の差がこの四年間で最も開きました。

議論が本格化してくると、改正に対して消極的な人が増えてくるというトレンドがあることについて、木村さんは、どのようにとらえていらっしゃいますか。

**木村**　「日本国憲法は七〇年間全く変わっていないので、そろそろ時代に合わせて変えましょう」と言われたら、「まぁ、そんなもんかな」と何となく感じる方も多いと思います。ただ残念ながら、現在出されている改憲提案は、非常にあやしいというか、国民の権利を尊重しよう、権力の濫用を防ごうという立憲主義の思想に反するものが多い。そのため、改憲論議が盛り上がって、どう変えるのだろうかとよくよく内容を吟味する人が増えると、改憲に賛同する人が減る傾向があるのだろうと思います。

国民の関心が高まって内容を精査すると、国民は合理的な判断をする傾向があります。ですから、本気で改憲派を増やしたいのであれば、市民が納得できるような改憲提案を積み重ねていくしかありません。不合理な提案をしていては、いつまでたっても市民の賛同を得られないと思います。

**国谷**　そもそも今の改憲、護憲、双方の主張について、どのように見ていらっしゃいますか。

## 日本は第一共和政時代にある

**木村**　改憲派という立場は、二つに分けて考えるべきだと思います。

歴史的な文脈でとらえたとき、現在の日本は、ヨーロッパ風に言うと第一共和政の時代に当たります。共和制とは君主制と対比される概念ですが、第一共和政とは、君主による統治を革命などによって排除することで、歴史的に初めて成立した共和制国家のことを言います。第一共和政は、非常に不安定な体制になるのが一般的です。

例えば、フランスの第一共和政は、一七八九年のフランス革命勃発後の一七九二年に、国民公会が共和制を宣言することで成立しました。しかし、憲法が何度も作られたり、クーデターが続いたりと非常に不安定で、一八〇四年には、ナポレオン一世による帝政になってしまっています。

あるいは、ドイツの第一共和政は、ワイマール体制です。第一次世界大戦に対する不満からドイツ革命が起こり、一九一九年にワイマール憲法が制定されました。ワイマール憲法は男女平等の普通選挙を定めるなど、ワイマール共和国は、当時もっとも民主的な国家と言われていましたが、ナチスの登場によって崩壊し、一九三三年にはヒトラーによる独裁体制に戻ってしまいました。

このように、フランスでもドイツでも、最初の共和政はそう長くはもたず、現在のように共和政が定着するまでには、長い時間がかかっているわけです。

日本は、明治憲法下が君主制に当たり、日本国憲法の成立によって第一共和政の時代に入ったと言えます。

第一共和政の特徴は、王政復古派がいるということです。昔はよかった、共和政なんて嫌だ、王政に戻りたい、という勢力が根強いのが一般的です。こうした勢力は、現在の憲法を変えたい、という意味では改憲勢力となります。

しかし、それは共和政を強化していこうという改憲論とは全く異なります。むしろ、改憲派というよりは、王政復古派と呼ぶべき立場です。そうした王政復古派に対して、それはさすがにまずいでしょうと批判する勢力が、護憲を主張することになるのです。

従来の改憲派・護憲派の対立とは、大きな文脈でいえば、王政復古を目指すのか、共和政を維持するのかの対立でした。しかし、近年になって、共和政の文脈での改憲の主張も見られるようになってきており、改憲派・護憲派の対立軸が複雑になってきています。

世論調査を見ていても、復古主義的な改憲提案については、あまり国民の支持を集められていない。しかし、復古主義的な思想を持つ人は一定程度、確実にいる。そういう時代を私たちは生きているのだと思います。

日本は今、第一共和政の時代なのだというお話は、以前、「アエラ」の企画で東《あずま》浩紀《ひろき》さん、林知更《はやしとものぶ》さんと一緒に鼎談《ていだん》をしたときに、憲法研究者の先輩である林さんが指摘なさっていたことです。林さんはこの点について、つい最近、『現代憲法学の位相──国家論・デモクラシー・立憲主義』（岩波書店、二〇一六年）という書籍の中で、「戦後日本と憲法──第一共和政の苦闘?」という節を書き、問題提起されていますので、興味のある方は、ぜひ読んでみていただければと思います。

## 憲法改正の軸

**国谷**　そうした改憲・護憲の議論とは別にして、木村さんご自身が憲法を改正することに対してどのように見ていらっしゃるのか伺いたいと思います。木村さんはご著書（前掲『憲法の条件』）の中で、「憲法典は聖典ではありませんから、時代の変化に応じて、必要ならば内容を変えていくべきもの」とおっしゃっています。

本来であれば、何を大事な軸として議論していくべきだとお考えでしょうか。

**木村**　これは、先ほどの法学教育の議論にも通じるものですが、私の師匠の一人である長谷部恭男さんは、憲法とは「無理を我慢する芸」としての性格がある、というような議論を提示しています。

憲法は、まったく違う価値観の人と共存しながら政治社会を作っていく試みです。全然違う価値観の人と生きていくというのは、非常に無理をしているわけですね。しかし、それをやっていかなければ、すべての個人が尊重される社会はできません。

ですから、異なる価値観が共存するということが、憲法を作り運用していく際の、最も重要なポイントだと思います。だからこそ、すべて人の権利は尊重され、守っていかなければなりません。権利を学ぶというと、「権利ばかり主張してわがままになる」と言う人がいますが、それは誤解だと思います。権利を学ぶということは、自分が主張できる権利についてだけ学ぶというものではありません。相手にどのような権利があるのかも、同時に学ぶのです。自分が権利を持っているのとまったく同じだけの価値の重さをもって、相手も権利を持っています。権利を学ぶのは決してわがままなことではなく、むしろ相手に何をしなければならないのかという義務を学ぶことでもあると思います。

また、権力の分立、すなわち権力の独裁を許さないということも、憲法の重要な要素です。憲法改正を考えるのであれば、現在の日本で、権力を合理的に運用できていないのはどこなのかをちゃんと見極めたうえで、それを合理的に運用するにはどうすればよいかを考えていかなければなりません。

他者と共存するためにどのような人権が必要かを考えること、そして、権力を合理的に運用するための統治の仕組みを考えること、その二つが必要だと思います。

**国谷**　つまり、今求められている公共的な価値は何か、ということが、本質的なものとして問われなければならないということでしょうか。

**木村**　そうですね。公共とは、まさに誰でもが参加できるということです。すべての人が尊重される憲法にするにはどうしたらいいか、それを考えることが、憲法の公共性を確保するということだと思います。

## 権力者に不利な改正

**国谷**　そうした憲法論を実現するためには、どういうプロセスが必要でしょうか。

**木村**　現在の憲法の運用に、公共性の観点から問題がないかを考えてみるべきだと思います。例えば、私が具体的に見直す必要があるのではないかと検討しているのは、衆議院の解散権についてです。

現在は「七条解散」といって、天皇の国事行為として衆議院の解散が定められているのを根拠に、天皇に助言と承認をする内閣が、もっと言えば首相が、解散したいと思えば解散できるという運用がなされています。

しかし、こうした運用では、政権の側が選挙のタイミングを自由に選べることになってしまいます。与党は、自分たちに有利なタイミング、選挙で勝ちやすそうなタイミングを選んで、解散させようとするでしょう。例えば、すごく悪い雇用統計が出る前に解散しようとか、消費税が上がる前に解散しようとか、あるいは、野党の選挙準備が整う前に解散しよう、などといった運用ができてしまいます。

こうした運用が、現在の憲法の文言に照らして許されるのかは、解釈上、疑問もあります。例えば、七条が定める解散権以外の国事行為については、他の憲法条文に実質的な決定権者や手続きが定められているので、衆議院の解散も六九条の定める不信任決議に限られるのではないか、という議論があります。あるいは、七条には、国事行為は「国民のために」なされると書いてあるのに、与党の都合によって解散するのは「国民のため」と言えるのか、という疑問もあります。

しかし、現実にそうした運用がなされてしまい、それが明確に違憲であると基礎づけるだけの条文もありません。現状のまま、選挙を私物化するような解散を許す運用が続くのであれば、それを制限するための憲法改正を真剣に考えてもいいのではないかと思います。

外国に目を向けますと、日本と同様に議院内閣制を採用するドイツでは、首相の提出した信任決議案が否決された時でないと、解散はできないとされています。信任決議が否決されるということは、内閣と国会との間に意見の不一致があるということですから、国民にどちらが正しいかを裁定してください、という選挙になります。これは、公共目的に資する選挙と言えるでしょう。

イギリスでは、長らく首相が好きな時に解散できる制度がとられていました。しかし、やはりそれはおかしいのではないかということで、議会任期固定法が二〇一一年になって制定されました。これによって、不信任決議が可決されない限り、議会を解散しないという制度に改められました。

そうしたことを考えると、日本でも、選挙の公共性を確保するために、首相の衆議院解散権を制限する憲法改正が検討されてもいいと思います。しかし、こうした公共性のある改憲提案は、時の権力者にとっては、必ずしも有利になりません。

憲法は権力者を拘束するものです。当然、権力者の側はなるべく拘束を解きたい、国民の側は権力者を合理的に拘束したいということになり、権力者と国民との間には利害対立が生じます。ですから、合理的な改憲提案はなかなか出てきにくい、という状況になってしまっていると思います。

**憲法が目指している社会**

**国谷**　憲法違反かどうかの判断について、最高裁に委ねるのではなく、われわれ国民が究極的には責任を持たなければならないということになりますと、憲法リテラシーの面でも、一人ひとりが関心を持って考えるという意味でも、じっくり腰の据わった議論が必要なのではないかと思えてきます。

最後に、憲法とはそもそも何のためにあって、何を目指しているのか、そこをお話しいただきたいと思います。

**木村**　憲法は難しく感じると国谷さんはおっしゃっていましたけれども、実は、そんなに難しく考えることでもないのではないかと思うのです。

憲法が目指しているのは、すべての人が平等である社会、多様な価値が尊重される社会、言ってみれば、私たちにとって当たり前の社会ですよね。好きなテレビを見たい時に見られる、どんな新聞や雑誌を読んでもいい、そして、街を歩いていて不当に逮捕されない。そういう社会を実現するために、憲法はあります。

歴史的に見ると、国家は、無謀な戦争や人権侵害、独裁などによって、人々を苦しめてきました。そうした失敗のリストを憲法という形で定め、失敗を繰り返さないようにしているのだと考えれば、憲法はそれほど難しくないのではないかと思います。

また、憲法の内容についても、今回、国谷さんは、非常に的確に質問をしてくださいました。質問をされれば、専門家には答える義務があります。私は、それがすごく大事だと思うのです。

専門家は、ふんぞり返って偉そうにしていてはいけません。求められた時に、きちんと合理的な説明をする責任があると思います。ですから、何やら難しい話しかしない専門家に対して、市民の側は引け目を感じる必要はありません。「お前たち、ちゃんと責任を果たしていないな」と評価をしてしまっていいはずです。

もちろん、市民の側も、真摯に勉強して理解する努力をしていかなければなりません。しかし、専門家は、専門的なことを自ら理解しているだけではなく、それを市民に分かりやすい言葉で語りかけることができて初めて、本当の専門家と言えるのです。

そう思って、あまり難しく考えずに、憲法論議に参加していただければと思います。

## あとがき

本書は、二〇一六年五月一四日に行われた大阪弁護士会主催の講演会をベースにしている。大阪弁護士会から講演依頼を受けた時、担当弁護士の青木佳史さんから、国谷裕子さんとの対談をセッティングしたいと伝えられた。私は、多忙な上に高名すぎる国谷さんが受けてくれるはずがないだろうと、気楽に、「実現したら嬉しいですね」という趣旨のお返事をした。対談が実現するとの連絡を頂いて、心底びっくりするとともに、本当に光栄だと思った。そして、少し（かなり？）プレッシャーも感じた。

子どもの頃からテレビで拝見していた国谷さんと仕事をするのだ、とようやく実感できたのは、私の勤める首都大学東京の研究室で打ち合わせをしたときだった。実際にお話をした国谷さんは、硬派なジャーナリストでありながら、ピリピリした空気はなく、清潔な白いジャケットが似合うしなやかな印象だった。

「憲法という希望」というコンセプトは、大阪弁護士会の皆さんが考えてくださった。この美しいコンセプトを形にするにはどうしたらよいかと、国谷さんや青木さんと話し合った。そして、誰かを責め立てるようなものではなく、憲法の魅力を伝えられるようなもの、社会をより良くしていくための積極的な提案を示せるものにしようということになった。

当日の会場は、国谷さんの登場に大いに盛り上がった。「リアル・クロ現」への期待だ。その期待を裏切ることなく、国谷さんは、伝えるプロとしての技術を存分に示してくださった。私は国谷さんからの質問に対して、なるべく真摯に答えるように努めた。そうしているだけで、ポイントが整理され、問題の本質が掘り下げられた。会場の皆さんにもより多くのことが伝わっていったように思う。(内容とは直接の関係はないが、講演時間が予定時刻ぴったりに終わったことには、テレビで仕事を続けてきた人の凄みを感じた。大学関係者の講演会では、六〇分の予定が九〇分になることも珍しくない。)

本書のために原稿をまとめて気づいたのは、国谷さんのインタビューの組み立ては、社会科学系のレポートを作成するうえでの最高のお手本になるということだ。まず、事実関係を正確に把握する。次に、現在の課題の核心は何かを見極める。そして、問題解決に必要な要素は何かを整理しながら、進むべき方向性を示す。読者の中に学生の方がいらっしゃるなら、ぜひ参考にしていただきたい。

こうした優れたインタビューは、その場の思いつきでできるものではない。国谷さんは、対談にあたり、私の論文や講演会の資料を丹念に読み込み、丁寧な質問リストを用意してくださっていた。この緻密な勉強と、優れた着眼点で組み立てられた質問が、「クローズアップ現代」という名番組を支えていたのか、と感動した。

しかしながら、これだけ完璧に仕事を仕上げてくださっているにもかかわらず、国谷さんご本人には、「ジャーナリストはかくあるべし」といった気負いは感じられない。とても自然なこととして、これだけの準備をなさっているのだ。

そうした姿に、私はふと羽生《はぶ》善治《よしはる》三冠の姿が重なった。羽生さんは、一九八九年に初めてタイトルを獲得して以来、四半世紀にわたってトップクラスの棋士であり続けている。誰よりも才能に恵まれながら、誰よりも熱心に日々の研究を続けているからこそ、その地位を維持できているのだろう。しかし、将棋を指していない時の羽生さんは、いつも優しく朗らかだ。前人未到のタイトル獲得一〇〇期が見えてきたと周りが大騒ぎしても、一つ一つの対局に集中していくだけだと穏やかに答えるのみだ。

プロとは、当たり前のことを当たり前にやる人のことを言う。国谷さんや羽生さんのことを思い浮かべながら、私はそんなことを思った。

では、プロの憲法学者とは、憲法学者にとって当たり前のこととは、何なのだろうか。

大学の研究者としての憲法学者の当たり前は、コツコツと論文を読み、判例を研究することだろう。大学の講義で若い世代に学問を引き継ぐこと、大学の運営に必要な事務をすることも、当たり前に含まれているかもしれない。

最近感じているのは、それだけでは不十分なのではないかということだ。憲法について知りたいと考えている一般の人に向けて、きちんと話をすることも、もっと当たり前にしていく必要があるだろう。

一般のメディアで流通している憲法論議は、専門の研究者が普段考えていることとあまりにもかけ離れていることも多い。知識人と呼ばれる人たちまでもが、専門研究者の間ではとっくに解決済みのことについて、誤った前提のもとに議論をしていたりする。これまでになく憲法への注目が集まる中、そうした言説を修正し、建設的な議論のベースを作ることは不可欠だ。

しかしながら、「そんなことは不可能なのではないか」と無力感に襲われることが時々ある。人々がきちんとした学問的知識を求めているなら、そして、そうした学問的知識に裏打ちされた社会の実現を求めているなら、とっくの昔に誤りは修正されているはずではないだろうか。社会は憲法の求める理想とはかけ離れた世界、すなわち、立憲主義の成立以前の世界を求めているのではないだろうか。

そんな暗澹《あんたん》たる気分に陥ったとき、私自身が改めて憲法の条文を読み直す。そして、憲法一二条の「この憲法が国民に保障する自由及び権利は、国民の不断の努力によつて、これを保持しなければならない」という文言を読む。

この条文を通して、先人が私に教えてくれるのはこういうことだ。立憲主義のために精一杯努力して、ようやく今の状態にとどまっている。このささやかな努力をやめてしまったら、もっとひどいことになるかもしれない。

憲法学者にとっての当たり前とは、絶望せずに社会のあるべき方向性を示すことだと思う。今は理想からはるか遠くにいるように思えても、いつかたどり着くべき理想を訴え続ける人がいなければ、理想そのものが失われてしまう。

いや、より正確には、理想を示すのは憲法学者ではない。近代立憲主義における尊厳の担い手である「個人」なのだ。憲法学者は、「個人」が憲法を実現していくのを、専門知識を持つものとして手伝っていくだけだろう。憲法学者のなすべき当たり前のこととは、立憲主義のために活動している個人に、緻密な理論を提供することだと思う。

そういう意味では、国会での辺野古基地設置法に関する松田公太さんによる質疑応答は、私にとって、非常に印象深い。松田さんは、憲法解釈学の知見を、立法実務の現場につないでくださった。

この質疑応答が今後の辺野古基地建設問題にどれだけの影響を与えうるのかはわからない。もしも多くの国民がこの質疑応答の意義を理解してくれたならば、国の側は、沖縄県とのコミュニケーションをもっと大事にするようになるだろう。逆に、この質疑応答に誰も関心を示さないようであれば、国は強硬姿勢を崩さないだろう。この問題が今後どのように動くのかは、国民の意思次第だ。国会での質疑応答の内容は、本書の付録にしているので、ぜひ目を通していただきたい。


最後になりましたが、講演会を企画してくださった大阪弁護士会の皆さま、対談を引き受けてくださった国谷裕子さまに深く感謝いたします。また、本書の企画全体を見守って下さった講談社の青木肇さま、素晴らしい一冊に仕上げて下さった担当の坂本瑛子さまにも、厚く御礼申し上げます。

そして、本書をここまで読み進めてくださった読者の皆さまに、心より御礼申し上げます。まことにありがとうございました。

## 【付録Ⅰ】

# 日本国憲法（昭和二一年一一月三日公布、昭和二二年五月三日施行）

日本国民は、正当に選挙された国会における代表者を通じて行動し、われらとわれらの子孫のために、諸国民との協和による成果と、わが国全土にわたつて自由のもたらす恵沢を確保し、政府の行為によつて再び戦争の惨禍が起ることのないやうにすることを決意し、ここに主権が国民に存することを宣言し、この憲法を確定する。そもそも国政は、国民の厳粛な信託によるものであつて、その権威は国民に由来し、その権力は国民の代表者がこれを行使し、その福利は国民がこれを享受する。これは人類普遍の原理であり、この憲法は、かかる原理に基くものである。われらは、これに反する一切の憲法、法令及び詔勅を排除する。

日本国民は、恒久の平和を念願し、人間相互の関係を支配する崇高な理想を深く自覚するのであつて、平和を愛する諸国民の公正と信義に信頼して、われらの安全と生存を保持しようと決意した。われらは、平和を維持し、専制と隷従、圧迫と偏狭を地上から永遠に除去しようと努めてゐる国際社会において、名誉ある地位を占めたいと思ふ。われらは、全世界の国民が、ひとしく恐怖と欠乏から免かれ、平和のうちに生存する権利を有することを確認する。

われらは、いづれの国家も、自国のことのみに専念して他国を無視してはならないのであつて、政治道徳の法則は、普遍的なものであり、この法則に従ふことは、自国の主権を維持し、他国と対等関係に立たうとする各国の責務であると信ずる。

日本国民は、国家の名誉にかけ、全力をあげてこの崇高な理想と目的を達成することを誓ふ。

## 第一章　天皇

第一条　天皇は、日本国の象徴であり日本国民統合の象徴であつて、この地位は、主権の存する日本国民の総意に基く。

第二条　皇位は、世襲のものであつて、国会の議決した皇室典範の定めるところにより、これを継承する。

第三条　天皇の国事に関するすべての行為には、内閣の助言と承認を必要とし、内閣が、その責任を負ふ。

第四条　天皇は、この憲法の定める国事に関する行為のみを行ひ、国政に関する権能を有しない。

2　天皇は、法律の定めるところにより、その国事に関する行為を委任することができる。

第五条　皇室典範の定めるところにより摂政を置くときは、摂政は、天皇の名でその国事に関する行為を行ふ。この場合には、前条第一項の規定を準用する。

第六条　天皇は、国会の指名に基いて、内閣総理大臣を任命する。

2　天皇は、内閣の指名に基いて、最高裁判所の長たる裁判官を任命する。

第七条　天皇は、内閣の助言と承認により、国民のために、左の国事に関する行為を行ふ。

一　憲法改正、法律、政令及び条約を公布すること。

二　国会を召集すること。

三　衆議院を解散すること。

四　国会議員の総選挙の施行を公示すること。

五　国務大臣及び法律の定めるその他の官吏の任免並びに全権委任状及び大使及び公使の信任状を認証すること。

六　大赦、特赦、減刑、刑の執行の免除及び復権を認証すること。

七　栄典を授与すること。

八　批准書及び法律の定めるその他の外交文書を認証すること。
九　外国の大使及び公使を接受すること。
十　儀式を行ふこと。
第八条　皇室に財産を譲り渡し、又は皇室が、財産を譲り受け、若しくは賜与することは、国会の議決に基かなければならない。

## 第二章　戦争の放棄

第九条　日本国民は、正義と秩序を基調とする国際平和を誠実に希求し、国権の発動たる戦争と、武力による威嚇又は武力の行使は、国際紛争を解決する手段としては、永久にこれを放棄する。
2　前項の目的を達するため、陸海空軍その他の戦力は、これを保持しない。国の交戦権は、これを認めない。

## 第三章　国民の権利及び義務

第十条　日本国民たる要件は、法律でこれを定める。
第十一条　国民は、すべての基本的人権の享有を妨げられない。この憲法が国民に保障する基本的人権は、侵すことのできない永久の権利として、現在及び将来の国民に与へられる。

第十二条　この憲法が国民に保障する自由及び権利は、国民の不断の努力によつて、これを保持しなければならない。又、国民は、これを濫用してはならないのであつて、常に公共の福祉のためにこれを利用する責任を負ふ。

第十三条　すべて国民は、個人として尊重される。生命、自由及び幸福追求に対する国民の権利については、公共の福祉に反しない限り、立法その他の国政の上で、最大の尊重を必要とする。

第十四条　すべて国民は、法の下に平等であつて、人種、信条、性別、社会的身分又は門地により、政治的、経済的又は社会的関係において、差別されない。

2　華族その他の貴族の制度は、これを認めない。

3　栄誉、勲章その他の栄典の授与は、いかなる特権も伴はない。栄典の授与は、現にこれを有し、又は将来これを受ける者の一代に限り、その効力を有する。

第十五条　公務員を選定し、及びこれを罷免することは、国民固有の権利である。

2　すべて公務員は、全体の奉仕者であつて、一部の奉仕者ではない。

3　公務員の選挙については、成年者による普通選挙を保障する。

4　すべて選挙における投票の秘密は、これを侵してはならない。選挙人は、その選択に関し公的にも私的にも責任を問はれない。

第十六条　何人も、損害の救済、公務員の罷免、法律、命令又は規則の制定、廃止又は改正その他の事項に関し、平穏に請願する権利を有し、何人も、かかる請願をしたためにいかなる差別待遇も受けない。

第十七条　何人も、公務員の不法行為により、損害を受けたときは、法律の定めるところにより、国又は公共団体に、その賠償を求めることができる。

第十八条　何人も、いかなる奴隷的拘束も受けない。又、犯罪に因る処罰の場合を除いては、その意に反する苦役に服させられない。

第十九条　思想及び良心の自由は、これを侵してはならない。

第二十条　信教の自由は、何人に対してもこれを保障する。いかなる宗教団体も、国から特権を受け、又は政治上の権力を行使してはならない。

2　何人も、宗教上の行為、祝典、儀式又は行事に参加することを強制されない。

3　国及びその機関は、宗教教育その他いかなる宗教的活動もしてはならない。

第二十一条　集会、結社及び言論、出版その他一切の表現の自由は、これを保障する。

2　検閲は、これをしてはならない。通信の秘密は、これを侵してはならない。

第二十二条　何人も、公共の福祉に反しない限り、居住、移転及び職業選択の自由を有する。

2　何人も、外国に移住し、又は国籍を離脱する自由を侵されない。

第二十三条　学問の自由は、これを保障する。

第二十四条　婚姻は、両性の合意のみに基いて成立し、夫婦が同等の権利を有することを基本として、相互の協力により、維持されなければならない。

2　配偶者の選択、財産権、相続、住居の選定、離婚並びに婚姻及び家族に関するその他の事項に関しては、法律は、個人の尊厳と両性の本質的平等に立脚して、制定されなければならない。

第二十五条　すべて国民は、健康で文化的な最低限度の生活を営む権利を有する。

2　国は、すべての生活部面について、社会福祉、社会保障及び公衆衛生の向上及び増進に努めなければならない。

第二十六条　すべて国民は、法律の定めるところにより、その能力に応じて、ひとしく教育を受ける権利を有する。

2　すべて国民は、法律の定めるところにより、その保護する子女に普通教育を受けさせる義務を負ふ。義務教育は、これを無償とする。

第二十七条　すべて国民は、勤労の権利を有し、義務を負ふ。
2　賃金、就業時間、休息その他の勤労条件に関する基準は、法律でこれを定める。
3　児童は、これを酷使してはならない。
第二十八条　勤労者の団結する権利及び団体交渉その他の団体行動をする権利は、これを保障する。
第二十九条　財産権は、これを侵してはならない。
2　財産権の内容は、公共の福祉に適合するやうに、法律でこれを定める。
3　私有財産は、正当な補償の下に、これを公共のために用ひることができる。
第三十条　国民は、法律の定めるところにより、納税の義務を負ふ。
第三十一条　何人も、法律の定める手続によらなければ、その生命若しくは自由を奪はれ、又はその他の刑罰を科せられない。
第三十二条　何人も、裁判所において裁判を受ける権利を奪はれない。
第三十三条　何人も、現行犯として逮捕される場合を除いては、権限を有する司法官憲が発し、且つ理由となつてゐる犯罪を明示する令状によらなければ、逮捕されない。

第三十四条　何人も、理由を直ちに告げられ、且つ、直ちに弁護人に依頼する権利を与へられなければ、抑留又は拘禁されない。又、何人も、正当な理由がなければ、拘禁されず、要求があれば、その理由は、直ちに本人及びその弁護人の出席する公開の法廷で示されなければならない。

第三十五条　何人も、その住居、書類及び所持品について、侵入、捜索及び押収を受けることのない権利は、第三十三条の場合を除いては、正当な理由に基いて発せられ、且つ捜索する場所及び押収する物を明示する令状がなければ、侵されない。

2　捜索又は押収は、権限を有する司法官憲が発する各別の令状により、これを行ふ。

第三十六条　公務員による拷問及び残虐な刑罰は、絶対にこれを禁ずる。

第三十七条　すべて刑事事件においては、被告人は、公平な裁判所の迅速な公開裁判を受ける権利を有する。

2　刑事被告人は、すべての証人に対して審問する機会を充分に与へられ、又、公費で自己のために強制的手続により証人を求める権利を有する。

3　刑事被告人は、いかなる場合にも、資格を有する弁護人を依頼することができる。被告人が自らこれを依頼することができないときは、国でこれを附する。

第三十八条　何人も、自己に不利益な供述を強要されない。

2　強制、拷問若しくは脅迫による自白又は不当に長く抑留若しくは拘禁された後の自白は、これを証拠とすることができない。

3　何人も、自己に不利益な唯一の証拠が本人の自白である場合には、有罪とされ、又は刑罰を科せられない。

第三十九条　何人も、実行の時に適法であつた行為又は既に無罪とされた行為については、刑事上の責任を問はれない。又、同一の犯罪について、重ねて刑事上の責任を問はれない。

第四十条　何人も、抑留又は拘禁された後、無罪の裁判を受けたときは、法律の定めるところにより、国にその補償を求めることができる。

## 第四章　国会

第四十一条　国会は、国権の最高機関であつて、国の唯一の立法機関である。

第四十二条　国会は、衆議院及び参議院の両議院でこれを構成する。

第四十三条　両議院は、全国民を代表する選挙された議員でこれを組織する。
2　両議院の議員の定数は、法律でこれを定める。
第四十四条　両議院の議員及びその選挙人の資格は、法律でこれを定める。但し、人種、信条、性別、社会的身分、門地、教育、財産又は収入によつて差別してはならない。
第四十五条　衆議院議員の任期は、四年とする。但し、衆議院解散の場合には、その期間満了前に終了する。
第四十六条　参議院議員の任期は、六年とし、三年ごとに議員の半数を改選する。
第四十七条　選挙区、投票の方法その他両議院の議員の選挙に関する事項は、法律でこれを定める。
第四十八条　何人も、同時に両議院の議員たることはできない。
第四十九条　両議院の議員は、法律の定めるところにより、国庫から相当額の歳費を受ける。
第五十条　両議院の議員は、法律の定める場合を除いては、国会の会期中逮捕されず、会期前に逮捕された議員は、その議院の要求があれば、会期中これを釈放しなければならない。

第五十一条　両議院の議員は、議院で行つた演説、討論又は表決について、院外で責任を問はれない。

第五十二条　国会の常会は、毎年一回これを召集する。

第五十三条　内閣は、国会の臨時会の召集を決定することができる。いづれかの議院の総議員の四分の一以上の要求があれば、内閣は、その召集を決定しなければならない。

第五十四条　衆議院が解散されたときは、解散の日から四十日以内に、衆議院議員の総選挙を行ひ、その選挙の日から三十日以内に、国会を召集しなければならない。

2　衆議院が解散されたときは、参議院は、同時に閉会となる。但し、内閣は、国に緊急の必要があるときは、参議院の緊急集会を求めることができる。

3　前項但書の緊急集会において採られた措置は、臨時のものであつて、次の国会開会の後十日以内に、衆議院の同意がない場合には、その効力を失ふ。

第五十五条　両議院は、各々その議員の資格に関する争訟を裁判する。但し、議員の議席を失はせるには、出席議員の三分の二以上の多数による議決を必要とする。

第五十六条　両議院は、各々その総議員の三分の一以上の出席がなければ、議事を開き議決することができない。

2　両議院の議事は、この憲法に特別の定のある場合を除いては、出席議員の過半数でこれを決し、可否同数のときは、議長の決するところによる。

第五十七条　両議院の会議は、公開とする。但し、出席議員の三分の二以上の多数で議決したときは、秘密会を開くことができる。

2　両議院は、各々その会議の記録を保存し、秘密会の記録の中で特に秘密を要すると認められるもの以外は、これを公表し、且つ一般に頒布しなければならない。

3　出席議員の五分の一以上の要求があれば、各議員の表決は、これを会議録に記載しなければならない。

第五十八条　両議院は、各々その議長その他の役員を選任する。

2　両議院は、各々その会議その他の手続及び内部の規律に関する規則を定め、又、院内の秩序をみだした議員を懲罰することができる。但し、議員を除名するには、出席議員の三分の二以上の多数による議決を必要とする。

第五十九条　法律案は、この憲法に特別の定のある場合を除いては、両議院で可決したとき法律となる。

2　衆議院で可決し、参議院でこれと異なつた議決をした法律案は、衆議院で出席議員の三分の二以上の多数で再び可決したときは、法律となる。

3　前項の規定は、法律の定めるところにより、衆議院が、両議院の協議会を開くことを求めることを妨げない。

4　参議院が、衆議院の可決した法律案を受け取つた後、国会休会中の期間を除いて六十日以内に、議決しないときは、衆議院は、参議院がその法律案を否決したものとみなすことができる。

第六十条　予算は、さきに衆議院に提出しなければならない。

2　予算について、参議院で衆議院と異なつた議決をした場合に、法律の定めるところにより、両議院の協議会を開いても意見が一致しないとき、又は参議院が、衆議院の可決した予算を受け取つた後、国会休会中の期間を除いて三十日以内に、議決しないときは、衆議院の議決を国会の議決とする。

第六十一条　条約の締結に必要な国会の承認については、前条第二項の規定を準用する。

第六十二条　両議院は、各々国政に関する調査を行ひ、これに関して、証人の出頭及び証言並びに記録の提出を要求することができる。

第六十三条　内閣総理大臣その他の国務大臣は、両議院の一に議席を有すると有しないとにかかはらず、何時でも議案について発言するため議院に出席することができる。又、答弁又は説明のため出席を求められたときは、出席しなければならない。

第六十四条　国会は、罷免の訴追を受けた裁判官を裁判するため、両議院の議員で組織する弾劾裁判所を設ける。

2　弾劾に関する事項は、法律でこれを定める。

## 第五章　内閣

第六十五条　行政権は、内閣に属する。

第六十六条　内閣は、法律の定めるところにより、その首長たる内閣総理大臣及びその他の国務大臣でこれを組織する。

2　内閣総理大臣その他の国務大臣は、文民でなければならない。

3　内閣は、行政権の行使について、国会に対し連帯して責任を負ふ。

第六十七条　内閣総理大臣は、国会議員の中から国会の議決で、これを指名する。この指名は、他のすべての案件に先だつて、これを行ふ。

2　衆議院と参議院とが異なつた指名の議決をした場合に、法律の定めるところにより、両議院の協議会を開いても意見が一致しないとき、又は衆議院が指名の議決をした後、国会休会中の期間を除いて十日以内に、参議院が、指名の議決をしないときは、衆議院の議決を国会の議決とする。

第六十八条　内閣総理大臣は、国務大臣を任命する。但し、その過半数は、国会議員の中から選ばれなければならない。

2　内閣総理大臣は、任意に国務大臣を罷免することができる。

第六十九条　内閣は、衆議院で不信任の決議案を可決し、又は信任の決議案を否決したときは、十日以内に衆議院が解散されない限り、総辞職をしなければならない。

第七十条　内閣総理大臣が欠けたとき、又は衆議院議員総選挙の後に初めて国会の召集があつたときは、内閣は、総辞職をしなければならない。

第七十一条　前二条の場合には、内閣は、あらたに内閣総理大臣が任命されるまで引き続きその職務を行ふ。

第七十二条　内閣総理大臣は、内閣を代表して議案を国会に提出し、一般国務及び外交関係について国会に報告し、並びに行政各部を指揮監督する。

第七十三条　内閣は、他の一般行政事務の外、左の事務を行ふ。

一　法律を誠実に執行し、国務を総理すること。
二　外交関係を処理すること。
三　条約を締結すること。但し、事前に、時宜によつては事後に、国会の承認を経ることを必要とする。
四　法律の定める基準に従ひ、官吏に関する事務を掌理すること。
五　予算を作成して国会に提出すること。
六　この憲法及び法律の規定を実施するために、政令を制定すること。但し、政令には、特にその法律の委任がある場合を除いては、罰則を設けることができない。
七　大赦、特赦、減刑、刑の執行の免除及び復権を決定すること。

第七十四条　法律及び政令には、すべて主任の国務大臣が署名し、内閣総理大臣が連署することを必要とする。

第七十五条　国務大臣は、その在任中、内閣総理大臣の同意がなければ、訴追されない。但し、これがため、訴追の権利は、害されない。

## 第六章　司法

第七十六条　すべて司法権は、最高裁判所及び法律の定めるところにより設置する下級裁判所に属する。

２　特別裁判所は、これを設置することができない。行政機関は、終審として裁判を行ふことができない。

３　すべて裁判官は、その良心に従ひ独立してその職権を行ひ、この憲法及び法律にのみ拘束される。

第七十七条　最高裁判所は、訴訟に関する手続、弁護士、裁判所の内部規律及び司法事務処理に関する事項について、規則を定める権限を有する。

２　検察官は、最高裁判所の定める規則に従はなければならない。

３　最高裁判所は、下級裁判所に関する規則を定める権限を、下級裁判所に委任することができる。

第七十八条　裁判官は、裁判により、心身の故障のために職務を執ることができないと決定された場合を除いては、公の弾劾によらなければ罷免されない。裁判官の懲戒処分は、行政機関がこれを行ふことはできない。

第七十九条　最高裁判所は、その長たる裁判官及び法律の定める員数のその他の裁判官でこれを構成し、その長たる裁判官以外の裁判官は、内閣でこれを任命する。

2　最高裁判所の裁判官の任命は、その任命後初めて行はれる衆議院議員総選挙の際国民の審査に付し、その後十年を経過した後初めて行はれる衆議院議員総選挙の際更に審査に付し、その後も同様とする。

3　前項の場合において、投票者の多数が裁判官の罷免を可とするときは、その裁判官は、罷免される。

4　審査に関する事項は、法律でこれを定める。

5　最高裁判所の裁判官は、法律の定める年齢に達した時に退官する。

6　最高裁判所の裁判官は、すべて定期に相当額の報酬を受ける。この報酬は、在任中、これを減額することができない。

第八十条　下級裁判所の裁判官は、最高裁判所の指名した者の名簿によつて、内閣でこれを任命する。その裁判官は、任期を十年とし、再任されることができる。但し、法律の定める年齢に達した時には退官する。

2　下級裁判所の裁判官は、すべて定期に相当額の報酬を受ける。この報酬は、在任中、これを減額することができない。

第八十一条　最高裁判所は、一切の法律、命令、規則又は処分が憲法に適合するかしないかを決定する権限を有する終審裁判所である。

第八十二条　裁判の対審及び判決は、公開法廷でこれを行ふ。

2　裁判所が、裁判官の全員一致で、公の秩序又は善良の風俗を害する虞があると決した場合には、対審は、公開しないでこれを行ふことができる。但し、政治犯罪、出版に関する犯罪又はこの憲法第三章で保障する国民の権利が問題となつてゐる事件の対審は、常にこれを公開しなければならない。

## 第七章　財政

第八十三条　国の財政を処理する権限は、国会の議決に基いて、これを行使しなければならない。

第八十四条　あらたに租税を課し、又は現行の租税を変更するには、法律又は法律の定める条件によることを必要とする。

第八十五条　国費を支出し、又は国が債務を負担するには、国会の議決に基くことを必要とする。

第八十六条　内閣は、毎会計年度の予算を作成し、国会に提出して、その審議を受け議決を経なければならない。

第八十七条　予見し難い予算の不足に充てるため、国会の議決に基いて予備費を設け、内閣の責任でこれを支出することができる。
2　すべて予備費の支出については、内閣は、事後に国会の承諾を得なければならない。
第八十八条　すべて皇室財産は、国に属する。すべて皇室の費用は、予算に計上して国会の議決を経なければならない。
第八十九条　公金その他の公の財産は、宗教上の組織若しくは団体の使用、便益若しくは維持のため、又は公の支配に属しない慈善、教育若しくは博愛の事業に対し、これを支出し、又はその利用に供してはならない。
第九十条　国の収入支出の決算は、すべて毎年会計検査院がこれを検査し、内閣は、次の年度に、その検査報告とともに、これを国会に提出しなければならない。
2　会計検査院の組織及び権限は、法律でこれを定める。
第九十一条　内閣は、国会及び国民に対し、定期に、少くとも毎年一回、国の財政状況について報告しなければならない。

## 第八章　地方自治

第九十二条　地方公共団体の組織及び運営に関する事項は、地方自治の本旨に基いて、法律でこれを定める。

第九十三条　地方公共団体には、法律の定めるところにより、その議事機関として議会を設置する。

2　地方公共団体の長、その議会の議員及び法律の定めるその他の吏員は、その地方公共団体の住民が、直接これを選挙する。

第九十四条　地方公共団体は、その財産を管理し、事務を処理し、及び行政を執行する権能を有し、法律の範囲内で条例を制定することができる。

第九十五条　一の地方公共団体のみに適用される特別法は、法律の定めるところにより、その地方公共団体の住民の投票においてその過半数の同意を得なければ、国会は、これを制定することができない。

## 第九章　改正

第九十六条　この憲法の改正は、各議院の総議員の三分の二以上の賛成で、国会が、これを発議し、国民に提案してその承認を経なければならない。この承認には、特別の国民投票又は国会の定める選挙の際行はれる投票において、その過半数の賛成を必要とする。

2　憲法改正について前項の承認を経たときは、天皇は、国民の名で、この憲法と一体を成すものとして、直ちにこれを公布する。

## 第十章　最高法規

第九十七条　この憲法が日本国民に保障する基本的人権は、人類の多年にわたる自由獲得の努力の成果であつて、これらの権利は、過去幾多の試錬に堪へ、現在及び将来の国民に対し、侵すことのできない永久の権利として信託されたものである。

第九十八条　この憲法は、国の最高法規であつて、その条規に反する法律、命令、詔勅及び国務に関するその他の行為の全部又は一部は、その効力を有しない。

2　日本国が締結した条約及び確立された国際法規は、これを誠実に遵守することを必要とする。

第九十九条　天皇又は摂政及び国務大臣、国会議員、裁判官その他の公務員は、この憲法を尊重し擁護する義務を負ふ。

## 第十一章　補則

第百条　この憲法は、公布の日から起算して六箇月を経過した日から、これを施行する。

2　この憲法を施行するために必要な法律の制定、参議院議員の選挙及び国会召集の手続並びにこの憲法を施行するために必要な準備手続は、前項の期日よりも前に、これを行ふことができる。

第百一条　この憲法施行の際、参議院がまだ成立してゐないときは、その成立するまでの間、衆議院は、国会としての権限を行ふ。

第百二条　この憲法による第一期の参議院議員のうち、その半数の者の任期は、これを三年とする。その議員は、法律の定めるところにより、これを定める。

第百三条　この憲法施行の際現に在職する国務大臣、衆議院議員及び裁判官並びにその他の公務員で、その地位に相応する地位がこの憲法で認められてゐる者は、法律で特別の定をした場合を除いては、この憲法施行のため、当然にはその地位を失ふことはない。但し、この憲法によつて、後任者が選挙又は任命されたときは、当然その地位を失ふ。

【付録Ⅱ】

## 平成二十七年四月八日　参議院予算委員会会議録第十七号（第十三部）（二一一〜二一三ページ）

**松田公太君**　（著者注：国論を二分するような重要な事項については、住民投票や国民投票を積極的に活用していくべきではないかとの立場を説明したのに続けての発言）

今日は時間がありませんので、原発についてはまた後日議論させていただきたいと思っておりますが、同じ観点から、辺野古への基地移設についてお聞きしたいと思います。

まず、私のスタンスを申し上げますと、辺野古へ移設する以外は難しいのが現状だと考えております。その部分においては安倍総理と同じかもしれません。

しかし、連日の報道を見ていても、はっきり言って、辺野古への移設問題はますます難しくなってきているんですね。菅官房長官も先日翁長知事に会われましたが、話は平行線どころか、どんどん開きが大きくなってきているのかなというふうに見られます。前回の予算委員会のときに菅官房長官は記者会見ということで途中退席されてしまって、本日もいらっしゃいませんが、私、官房長官と総理のこの件に関する御心労というものは大変なものだろうと察する次第でございます。

そこで提案なんですけど、私は、この件で総理と官房長官を中心とした政権のみに責任を押し付けるようなやり方はそろそろやめるべきだというふうに思っているんですね。つまり、これは沖縄対現政権という構図であってはいけないというふうに思っているんです。翁長知事は、この辺野古問題を県政の重要事項だと位置付けておりますけれども、国全体の安全保障の問題がこれは本質なわけですから、私は、これは言うまでもなく国政の重要事項でもあると考えているんです。

それについて安倍総理はどうお考えか、教えていただければと思います。


**内閣総理大臣（安倍晋三君、以下同）** 日本の安全保障をめぐる様々な課題については、当然これは国の責任としてその課題に取り組んでいかなければなりません。

その上において、例えば米軍基地をどこに置くのか。自衛隊の基地も同じことでございます。そうした基地を置く上において、その基地周辺の人々が、例えば飛行場であれば騒音の問題があります。そうしたことも踏まえながら、もちろん地元の意見を無視するとかいうことではないわけでございますが、安全保障については、この政策、基本的な政策については国が責任を負うというのは当然のことであろうと、こう思うわけでございます。

その中において、国全体において安全保障上必要という中において基地を建設していく上において、地元の皆様の説得、説明を行いながら進めていかなければならないと、このように考えておりますが、もちろんこれは責任は政府が負うのは当然のことであろうと、このように思っております。

**松田公太君**　国が責任を負うのは当然のことだというふうにおっしゃいましたので、ある意味、国政の重要事項であるというふうにお考えだというふうに捉えてもよろしいでしょうか。

**内閣総理大臣**　安全保障は国政の当然最重要事項の一つであろうと、このように思います。

そこで、例えば普天間基地の移設、辺野古への移設については、住宅地の真ん中にある普天間基地の固定化は断固としてこれは避けなければならない、これは共通認識なんだろうと思うわけでございます。その中において、果たして県外が可能かということで、例えば民主党政権でずっとこれは検討したそうでありますが、結局それは他に選択肢はなかったという結論も出ています。もちろん、その前に自民党政権時代にも、自民党・公明党連立政権時代にも検討を重ねてきた結果、辺野古への移転ということが決まったのでございます。

しかし、当然、国の責任において沖縄全体の負担を軽減をしていくために、普天間の三つの機能のうち一つ、これは空中給油機十五機全部は、これは岩国に移転をしていくことになるわけでございます。国全体を見ながら、そうした地域におきましても説得をし、移転を受け入れていただいた。そして、緊急時の利用も辺野古では行わないわけでございますし、そしてさらに、オスプレイの運用についてもなるべく訓練等は県外でということで、様々な場所でお願いをしているところでございます。

まさに、こうしたことは国にしかできないのは当然のことであろうと。そもそも安全保障政策について、国民の命を守っていく、領土、領海、領空をしっかりと守っていく、国益を守っていくのは国の責任であることは言うまでもないと思います。

**松田公太君**　ありがとうございます。

総理は、この辺野古の問題は、その国という定義が今若干かみ合っていないのかなという感じもしましたけれども、国政の重要事項だということはお認めになっているわけですね。そうであれば、全国民の代表である国会でこれについて審議をして、例えば辺野古基地設置法のような法律を制定して、法律事項として進めるべきだと私は思っているんです。

それについてまず一つお聞きしたいのと、また同時に、その場合は、特定の地域、つまり名護市に負担を強いる立法となるわけですから、憲法九十五条によって最終的には名護市の住民投票、これが必要となるわけですから、これをもって決する必要があるんじゃないかなと私は思いますが、総理、いかがでしょうか。

**内閣総理大臣**　まず、政府として、まさに行政の責任として、当然、もちろん国会にも様々なそのための法律を作る際には御議論をいただきますが、行政の責任として、国民の命と幸せな暮らし、領土、領海を守っていくというのが政府の責任であります。そして、日米同盟の中において条約上の義務を果たしていくのもこれは行政でございます。

その中において、これは橋本政権のときに日米で合意をしたことでございます。この合意にのっとってまさに普天間の移設をしていく、それは辺野古に移設をしていくということで合意をしたわけでございます。これが残念ながら十六年間動かなかった。しかし、その動かないものを安倍政権においてしっかりと、日米同盟の機能を強化をしていく、地域の安全保障環境が厳しくなる中において同盟の能力を向上させていくという観点からも、あるいは、実際にこれは嘉手納以南の基地の米軍用地の返還を進めていくためにもそういう判断をしたわけでございます。

そして、一日も早く普天間の危険を除去しなければならないという観点から今工事等を進めているのでございますが、既にある法令にのっとってこれは粛々と進めているわけでございますので、これに上乗せして法律を作っていく必要は私はないのではないかと、このように思っているところでございます。

その上において、住民投票等のお話がございましたが、一般的に、住民投票は多様な住民ニーズをより適切に地方公共団体の行政運営に反映させるために住民の意思を把握する手法として代表民主制を補完するものであると考えております。一方、住民投票の制度化については、住民投票の対象とすべき事項、選挙で選ばれた長や議会の権限との関係、投票結果の拘束力の在り方等、種々の論点があり慎重な検討が必要と考えているところでございますが、繰り返しになりますが、言わばこの辺野古への移転については、これは今申し上げましたような本来の住民投票の目的とは異なるのではないかと、このように思っております。

**松田公太君**　今本当に多くのことを一気にお話しされましたが、ちょっといろんな話が一気に来てしまいましたので、一つ一つ整理をしてお話をしたいと思うんですけれども、まず一つ、条約上の話であったりとか、日米協定ですね。また、橋本元首相が日米合意にのっとってというお話がありました。それはそのとおりだと思います。

ただし、それは外交上の例えば問題であって、それはもちろん中の話、国内の話というのはまた個別に国会で私は決めてもいいんだろうというふうに考えているわけですね。ですから、例えば国政の重要事項、これは認められているわけですけれども、これ立法によらず決めるということは、ある意味、私、憲法四十一条にもこれ反するんじゃないかなというふうに考えているわけです。

釈迦に説法ではございますけれども、憲法四十一条は、国会を国の唯一の立法機関と定めているわけですね。実質的意味の立法、つまり国政の重要事項について決定するということは、国会が法律の制定という形で行わなければこれは規定に反するんじゃないかなと私思いますが、いかがでしょうか。

**内閣総理大臣**　政府は、日本は議院内閣制でありまして、国会によって私は首班指名をされ、行政権を今行使をしているわけであります。国民の幸せを守っていく、生活を向上していくためにこの行政権を活用しているのでございますが、当然それは法律にのっとって、憲法があり、そしてその上において法律にのっとって行政権を行使していくのは当然のことであろうと、このように思うわけでございます。そして同時に、もし政府が行おうとする政策について法令が必要であれば当然法律を作っていく、国会の議決を得て法令ができれば、その法令に従って政府は行政権を行使をしていくということではないかと、こう思うわけでございます。

議院内閣制でありますから、当然、政府と与党は一体でございます。そして、政府が行った行政に対する評価は選挙において国民から御判断をいただくということではないかと思います。

**松田公太君**　この話をずっと続けても堂々巡りになってしまうと思いますけれども、今の安倍総理の見解で、辺野古基地移転の件はある意味法律事項じゃないというふうにおっしゃっているわけでございますけれども、逆に私お聞きしたいんですが、かといって、立法してはならないという決まりはないと思うんですよね。例えば、イラク特措法も外交、防衛に密接に関連する話ですけれども、これは立法されたわけです。

つまり、法律事項にしてもよいと、これだけ話が入り組んでしまって、橋本政権の先ほどお話しされましたが、もう二十年たっているわけですね。ぐるぐるぐるぐる何か同じようなことを繰り返しているというような状況だと思いますので、これ私、冒頭に申し上げましたように、国会としてしっかり、国全体の代表として国会が責任を持って話を進めた方が私はいいんじゃないかなというふうに思っておりますが、これ法律事項にしてもよいというところはお認めになりますね。

**内閣総理大臣**　まず申し上げておきますが、テロ特措法にしてもイラク特措法にしても、あの特措法がなければ政府は自衛隊を送ることはできません。あの法律がなければできないわけでございますので、政府として閣法として提出をさせていただき、国会で御審議をいただき法律となったわけでありまして、あの法律にのっとって自衛隊は活動しているわけでございます。

そして、この普天間の辺野古への移設でございますが、我々、現行法にのっとって、今までもそうでございますが、のっとって行ってきたわけでございます。その上において、どういう法律を出すのも、これはまさに立法府の決めることでございますから、松田委員が必要だと考えられればお出しになって、国会で御議論をいただくということではないか。内閣として、政府として法律を出す必要はないと、こう考えているわけでございます。

**松田公太君**　それでは、先ほどちょっとお話もいただきましたが、憲法九十五条、これについてもう一度お聞きしたいんですが、これはどのような趣旨で規定されたとお考えか、教えていただければと思います。

**国務大臣（高市早苗君）**　憲法九十五条、一の地方公共団体のみに適用される特別法は、法律の定めるところにより、その地方公共団体の住民の投票においてその過半数の同意を得なければ、国会は、これを制定することはできないということでございますから、仮に今総理が答弁されましたように、松田委員が法律案を出されるというときに、国会が一の地方公共団体のみに適用されるような内容の法律を定めようとされたら、これは住民投票にかかるものです、過半数の賛成が必要となります。

**松田公太君**　それでは、同じく憲法四十一条、これも高市大臣で結構でございますが、どのような趣旨でこれは規定されたものかということをもう一度教えていただければと思います。

**内閣総理大臣**　先ほどは地方自治に関わることでございますから高市大臣が答弁をいたしたわけでありますが、四十一条はそうではございませんので私が申し上げますが、四十一条は、「国会は、国権の最高機関であって、国の唯一の立法機関である。」ということでございます。

**松田公太君**　それでは、外務大臣にお尋ねしたいと思いますけれども、外務省のこれは担当者に確認させていただいたところ、移設先が辺野古とされているのは、特に条令に、法令上の根拠があるからじゃなくて、日米の政府間で決めたからであるということだったんですね。日米政府間では、移設先が辺野古であることについては特に法令上の根拠はないという認識で外務大臣もよろしいでしょうか。

**国務大臣（岸田文雄君）**　普天間飛行場については、十九年前、平成八年に、沖縄県内に代替施設を建設することを前提に全面返還することについて日米で合意をいたしました。そして、あらゆる側面からの日米間の検討を経て、十六年前、平成十一年ですが、当時の辺野古沿岸案に関して、沖縄県知事及び名護市長の同意を得て閣議決定をいたしました。そして、その後、取組が進められてきたわけですが、その過程において、沖縄県外を移設先とする案も含め様々な案が検証されたものの、この現行計画が唯一の有効な解決策であるということが日米間において累次確認されてきたところです。

そして、法的な根拠という御指摘がありましたが、日米安保条約は第六条において、米国に対し、我が国の安全及び極東の平和と安全の維持に寄与するために、我が国の施設・区域を使用することを認めています。すなわち、同条に基づいて我が国に駐留する米軍に施設・区域を円滑かつ安定的に提供することは、我が国の条約上の義務と考えられます。

ただ一方、個々の具体的な施設・区域の提供については、日米間で協議の上、日米地位協定の定めるところにより、日米合同委員会において合意が行われることとなるものであり、普天間飛行場の代替施設についても同様であると考えております。

**松田公太君**　条約もその地位協定のこともよく存じ上げておりますけれども、それはあくまでも協定であって、それは国会内で進めてはいけないという話は、私、繰り返し申し上げたいんですが、ないというふうに思うんですね。

やはり現政権にこの問題を押し付けるのをやめるという意味合いでも、国会でしっかり審議をして、採決をして、国全体で私は決めるべきことだと思っております。そして、最後は住民投票にかける。このままでは、沖縄県民は、ほかの日本国民は対岸の火事で全く無関心だと私は思ってしまっていると思いますよ。そんなところが、私は沖縄県民の心に更に傷を付けているんじゃないかなというふうに思います。
辺野古の基地問題をオール沖縄にするのではなくて……

**委員長（岸宏一君、以下同）** 時間が過ぎております。

**松田公太君** オール日本の議論にして解決策を探らないと、今まで二十年掛かって、また同じことがこれから先二十年も四十年も私は続いてしまうことになるんじゃないかなと思います。是非、安倍総理には視点を変えていただいて、ありとあらゆるオプションを検討して考えていただきたいと思います。
以上でございます。どうもありがとうございました。

**委員長** 以上で松田公太君の質疑は終了いたしました。（拍手）

## 【付録Ⅲ】憲法について学ぶ文献リスト

本書では「憲法を使いこなす」というテーマで話を進めてきましたが、さらに詳しく学ぶための書籍を紹介します。

憲法を理解するには立憲主義から、ということでお勧めしたいのは、憲法学界の重鎮の著作。①**樋口陽一**『**いま、憲法は「時代遅れ」か**』（平凡社）と②**佐藤幸治**『**立憲主義について**』（左右社）は、高度な研究を背景にしつつ、一般向けに丁寧に語ってくれます。

次いで、法学そのものの入門書です。

まず、③**長谷部恭男**『**増補新版・法とは何か**』（河出書房新社）。長谷部先生は、憲法学の第一人者で、法思想・法哲学にも造詣が深い。鋭く明晰な語り口が魅力です。続いて、④**長尾龍一**『**法学に遊ぶ**』（慈学社）。長尾先生は、日本を代表する法哲学者で、ユーモアあふれる法学エッセイの達人。最後に、⑤**木村草太**『**キヨミズ准教授の法学入門**』（星海社新書）。主人公の高校生が、喫茶店に入ったら、かなり風変わりな法学者が話しかけてきて、いつの間にやら法学入門の世界に……という話です。

国民主権や人権保障については、やはり、体系的な入門書・教科書を読んでみるのがお勧めです。⑥**高橋和之『立憲主義と日本国憲法』**（有斐閣）は、明快な論理をエンジンに日本国憲法の体系を踏破する教科書。⑦**伊藤正己『憲法入門』**（有斐閣）は、入門書として水準も高く、分かりやすい。また、個別の条文を一つ一つ理解したいなら、⑧**木下智史・只野雅人編『新・コンメンタール憲法』**（日本評論社）を手にとってほしいものです。

ただ、憲法の入門書は、どうしても文字ばかりで、抽象的です。よりビジュアルから入りたいという人には、⑨**初宿正典他『目で見る憲法』**（有斐閣）がお勧めです。閣議の資料や生存権の保障水準のグラフなど、ビジュアルの工夫がされています。また、⑩**南野森・内山奈月『憲法主義』**（ＰＨＰ出版）は、憲法学者の南野先生が、アイドルの内山奈月さんに憲法の個人レッスンを行った記録。南野先生のポイントをついた講義も素晴らしいのですが、内山さんの当意即妙な質疑応答も読みどころです。

人権保障や権力分立などの個別テーマについては、面白い論文がたくさんありますが、ぜひ手にとってみてほしいのが表現の自由の権威、奥平先生の⑪**奥平康弘『治安維持法小史』**（岩波現代文庫）。かつて治安維持法というとんでもない法律があった、ということを知っている人は多いでしょうが、それが具体的にどんな内容で、どんな風に適用されていたのかは意外と知られていません。

また、憲法九条については、やはり、二〇一五年の安保法制を素材に考えてみたいところ。そもそも安保法制とはどんな法律だったのか、なぜ違憲だと批判されたのか、については、⑫**木村草太『集団的自衛権はなぜ違憲なのか』**（晶文社）が、（自分で言うのもなんですが）決定版。さらに、政府がどのようなロジックで自衛隊を合憲と解釈してきたのかについては、⑬**阪田雅裕・川口創『「法の番人」内閣法制局の矜持』**（大月書店）を読んでみていただきたいです。

さらに、安保法制の審議に関わった国会議員が、何を考え、どう行動したか、にも目を向けてほしいところです。参議院の安保特別委員会で緻密な質問をした小西議員は、⑭**小西洋之『私たちの平和憲法と解釈改憲のからくり』**（八月書館）で、集団的自衛権についての政府の説明がどう矛盾しているかを丁寧に説明しています。他方、⑮**松田公太『愚か者』**（講談社）は、実業家としても著名な松田参議院議員（当時）の自伝。タリーズコーヒーの買収や、野党議員としての東日本大震災の体験の話も興味深く、安保法制に附帯決議・閣議決定がなされた経緯と松田先生の立場から見た与党・野党の各議員の姿も、ぜひ読んでください。

日本の人権問題で、いまホットになってきているのが、同性婚の問題。まず初めに読んでほしいのが、⑯**南和行『同性婚』**（祥伝社新書）。著者は、同性愛をカミングアウトしている現役の弁護士で、同性愛者の婚姻にまつわる法的問題を明晰に論じています。同性愛者でなくても、普通に、家族法の教科書としても勉強になります。また、レズビアンの著者が女性との婚姻について綴った⑰**一ノ瀬文香『ビアン婚。』**（双葉社）。自分自身や同性愛者が置かれた状況へのクールな分析が説得力を持っています。タレントをしている著者だけあって、一人の人間の自伝としても面白いです。

小説やノンフィクションも、憲法や国家の現在・過去・未来を考える大切な参考になります。

⑱**ケン・フォレット『永遠の始まりⅠ～Ⅳ』**（SB文庫）は、アメリカ、イギリス、ドイツ、ソ連を舞台に、冷戦時代を生きた人々が、どうにもならない世界に対し、それぞれ懸命に戦う姿を描いた作品。アメリカやソ連の統治構造、黒人や同性愛差別の歴史、東ベルリンの共産党独裁の恐怖など、憲法を学ぶ上で知っておかなくてはならない社会背景がたくさん出てきます。

⑲**高野秀行『イスラム飲酒紀行』**（講談社文庫）は、アフガニスタン、イラン、シリア、ソマリアと、今何かと話題のイスラム圏の普通の人々の暮らしに密着したノンフィクション。イスラム教では飲酒は禁じられるはずなのに、『イスラム飲酒紀行』となんとも罰当たりなタイトルで、イスラム圏の人々の考え方や国家機構まで鋭く分析しています。

フォレット氏の作品は過去の国家（二〇世紀）を扱い、高野氏の作品は現代国家（二一世紀）を鋭く捉えています。こうなると、未来の国家も気になるところです。ということで、最後は⑳**アイザック・アシモフ『銀河帝国興亡史シリーズ』**（ハヤカワ文庫）をぜひどうぞ。未来にどんな国家があり得るのか。アシモフ氏の想像力がフル稼働しています。

講談社現代新書　2387

# 憲《けん》法《ぼう》という希《き》望《ぼう》

二〇一六年九月二〇日第一刷発行　二〇二二年六月八日第八刷発行

著者　木《き》村《むら》草《そう》太《た》　© Souta Kimura 2016

発行者　鈴木章一

発行所　株式会社講談社

東京都文京区音羽二丁目一二—二一　郵便番号一一二—八〇〇一

電話　〇三—五三九五—三五二一　編集（現代新書）

〇三—五三九五—四四一五　販売

〇三—五三九五—三六一五　業務

装幀者　中島英樹

印刷所　凸版印刷株式会社

製本所　株式会社国宝社

定価はカバーに表示してあります　Printed in Japan



N.D.C. 323　221p　18cm
ISBN978-4-06-288387-0

# 「講談社現代新書」の刊行にあたって

教養は万人が身をもって養い創造すべきものであって、一部の専門家の占有物として、ただ一方的に人々の手もとに配布され伝達されうるものではありません。

しかし、不幸にしてわが国の現状では、教養の重要な養いとなるべき書物は、ほとんど講壇からの天下りや単なる解説に終始し、知識技術を真剣に希求する青少年・学生・一般民衆の根本的な疑問や興味は、けっして十分に答えられ、解きほぐされ、手引きされることがありません。万人の内奥から発した真正の教養への芽ばえが、こうして放置され、むなしく滅びさる運命にゆだねられているのです。

このことは、中・高校だけで教育をおわる人々の成長をはばんでいるだけでなく、大学に進んだり、インテリと目されたりする人々の精神力の健康さえもむしばみ、わが国の文化の実質をまことに脆弱なものにしています。単なる博識以上の根強い思索力・判断力、および確かな技術にささえられた教養を必要とする日本の将来にとって、これは真剣に憂慮されなければならない事態であるといわなければなりません。

わたしたちの「講談社現代新書」は、この事態の克服を意図して計画されたものです。これによってわたしたちは、講壇からの天下りでもなく、単なる解説書でもない、もっぱら万人の魂に生ずる初発的かつ根本的な問題をとらえ、掘り起こし、手引きし、しかも最新の知識への展望を万人に確立させる書物を、新しく世の中に送り出したいと念願しています。

わたしたちは、創業以来民衆を対象とする啓蒙の仕事に専心してきた講談社にとって、これこそもっともふさわしい課題であり、伝統ある出版社としての義務でもあると考えているのです。

一九六四年四月　野間省一